告别吼叫的养育话术

水青衣 ◎ 著

天津出版传媒集团

天津科学技术出版社

图书在版编目（CIP）数据

告别吼叫的养育话术 / 水青衣著 . -- 天津：天津科学技术出版社，2024.6. -- ISBN 978-7-5742-2266-3

Ⅰ．G78

中国国家版本馆 CIP 数据核字第 2024J3P104 号

告别吼叫的养育话术
GAOBIE HOUJIAO DE YANGYU HUASHU
责任编辑：马妍吉

出　　版：	天津出版传媒集团
	天津科学技术出版社

地　　址：天津市西康路 35 号
邮政编码：300051
电　　话：(022) 23332695
网　　址：www.tjkjcbs.com.cn
发　　行：新华书店经销
印　　刷：大厂回族自治县德诚印务有限公司

开本 880×1230　1/32　印张 6.5　字数 120 000
2024 年 6 月第 1 版第 1 次印刷
定价：59.00 元

前 言

这是一本写给所有父母的亲子沟通书,通过这本书,我期待能为家长们解决难题——到底要如何说,孩子才肯听?

每天到点就得提醒孩子该做作业了,他却抱着手机不放,你的话仿佛成了背景噪音,你苦口婆心地讲道理,孩子却只是敷衍地点头,转身就忘;你想跟孩子聊聊学校里的事,增进感情,孩子却更愿意沉浸在自己的小世界里……

这些场景,是不是似曾相识?别急,深呼吸,你不是一个人在战斗!这些问题,几乎我接触的每个家长都会遇到。

我曾经在教育系统工作 12 年,一直做一线班主任,跟妈妈们处成了好闺密。听到最多的,就是她们无奈于"孩子越大越不听话"。

真的是孩子不听话吗?还是我们家长说的话,没有说进孩子的心里,让他们心悦诚服,愿意听从并且接受?

在离开教师岗位,调任教育局,后来又自己做线上教育后,我接触到了全国各地形形色色的家长。我发现,家长们似乎是在彼此家里装上了"摄像头",大家的一些话如出一辙。

"快给我吃饭,不然你今天就不要吃了!""闹什么闹,别的小朋友也没有冰淇淋,你看有谁像你这样闹吗?""你到底是为我读书,还是为你自己读?"

我把这些"反面话术"拎出来，在社群里讲给家长们听的时候，大家都笑了。太熟悉了是不是？真的就是自己每天都在说的话啊。可是，当我说："我亲爱的家长朋友们啊，如果我们每天都说这样的话，孩子们怎么会愿意听话呢？这些，可都是反面话术呀。"大家又都沉默了。

所以，这是一本被众多家长催促着写出来的书，它切切实实地从家长与孩子的生活中来，为解决亲子沟通的痛点而作。它不啰唆、不枯燥、不复杂，没有长篇大论，没有艰涩难懂，只有实操易行的方法，让你能一学就会，一用就灵。

这本书，不是普通的沟通指南。它从原因、话术、行动策略等方面，给家长带来工具书式的、即查即用的阅读体验与效果。这本书，有着它自己鲜明的特色：简单，不讲复杂的心理学理论，只教实用的策略；直接，针对家长和孩子的日常对话来提供可行方案；有效，每一句话，每一份行动指南，都经过精心设计，旨在打开孩子的耳朵，触动孩子的心灵。

亲爱的家长朋友，希望这本书能成为你的育儿宝典，时时翻阅，让我们一起开启亲子沟通的新篇章，收获更美好的亲子关系。最后，告诉您一个小秘密：在书里，我们藏了小惊喜，有专门送给您的"一份礼物"。快呀，翻开书页，开启愉快的阅读之旅吧！

你的朋友：水青衣

2024 年 5 月

目录
CONTENTS

第一章　辅导作业，鸡飞狗跳

场景1：沉迷网络，没心思学习 / 003

场景2：做作业不看书本、只查手机 / 009

场景3：一遇到难题就懒得琢磨 / 016

场景4：考差了就跟比自己差的比 / 022

场景5：为逃避写作业常撒谎 / 027

场景6：不愿意复习学过的内容 / 033

场景7：写作业时字迹潦草 / 038

场景8：等到考试临近才开始复习 / 042

场景9：做错的题目一错再错 / 047

场景10：做作业时一会儿吃东西一会儿上厕所 / 052

第二章　日常生活，一波三折

场景1：把重要的个人物品到处乱放 / 059

场景2：偏食、挑食 / 064

场景3：父母不在家就玩老人的手机 / 069

场景4：一被拒绝就挑衅顶嘴 / 073

场景5：晚上不按时睡觉 / 078

场景6：养了宠物却懒得管 / 083

场景7：坐电梯抢上抢下 / 088

场景8：喜欢乱涂乱画 / 093

场景9：不愿意帮忙做家务 / 098

场景10：晚上不敢自己上厕所 / 103

第三章　人际社交，困难重重

场景1：在学校被同学孤立 / 111

场景2：不懂拒绝他人的无理请求 / 117

场景3：不好意思要回自己的东西 / 125

场景4：和朋友争吵后不会道歉 / 132

场景5：玩耍的时候总要自己说了算 / 137

场景6：不会表达感谢 / 143

场景7：在集体活动中不敢主动开口 / 150

第四章　心气不顺，情绪崩溃

场景1：一被批评就闹脾气 / 159

场景2：看不惯家长表扬其他孩子 / 166

场景3：不给买东西就撒泼打滚 / 172

场景4：家长忘记买吃的就发火 / 178

场景5：家里有了二宝后焦虑 / 183

场景6：愤怒撕毁自己不满意的作品 / 189

场景7：把自己关在房间里不说话 / 195

第一章
辅导作业,鸡飞狗跳

场景1：沉迷网络，没心思学习

场景分析

孩子沉迷社交网络可能是因为追求即时满足感、有社交需求或是想逃避现实压力。这种行为不仅分散其注意力、占用其学习时间，还可能影响孩子情绪和社交技能的发展。家长需要通过坦诚沟通理解孩子的心理需求，与孩子共同制定规则平衡学习和上网时间。同时，监督孩子的网络活动，避免接收不良信息，并教育其理解过度上网的风险。家长还需鼓励孩子发展其他兴趣，参与现实生活的活动，减少孩子对电子设备的依赖。此外，家长要以身作则，展示健康的上网行为，并在必要时寻求专业帮助，积极面对和解决孩子的网络沉迷问题。

正反话术

❌ "你怎么整天就知道玩手机？学习都不重要了吗？"
✅ "手机是放松的工具，而学习是我们的首要任务，我们可以合理安排时间，两者兼顾。"

❌ "你再这样沉迷社交网络，将来怎么办？"
✅ "社交网络是现代交流的一种方式，但不能让它影响了我们的未来。"

❌ "你看看你，一点自控能力都没有。"
✅ "自控是一项重要的能力，我们可以一起制定规则，帮助你加强自我管理。"

❌ "别人都在努力学习，你就满足于在社交网络上浪费时间？"
✅ "使用社交网络可以作为休闲方式，但你也要确保为学习和个人成长留出充足的时间。"

❌ "你这样下去，会跟现实世界脱节的。"
✅ "保持与现实世界的联系很重要，让我们找到平衡线上、线下活动的方法吧。"

- ❌ "沉迷社交网络对你有什么好处？只不过是浪费时间。"
- ✅ "社交网络可以作为和朋友取得联系和获取信息的平台，关键是要有选择地使用它。"

- ❌ "你对手机的依赖已经影响到了你的成绩，你自己不觉得吗？"
- ✅ "手机是有用的工具，但过度使用确实会影响学习，让我们一起找到减少它对你的干扰的方法。"

- ❌ "你整天沉迷于社交网络，都没时间交真正的朋友了。"
- ✅ "社交网络可以帮我们与朋友保持联系，但面对面的交流同样重要，我们应该两者都重视。"

- ❌ "你抱着手机吃饭、睡觉吧，它跟你最亲。"
- ✅ "手机不是生活的全部，我们还有很多其他的事情可以做，比如阅读、运动或者和家人朋友相聚。"

- ❌ "每次看到你都在玩手机，有哪个小孩像你这样？"
- ✅ "每个人都有自己的兴趣和习惯，重要的是找到平衡，不让任何一项活动占据我们所有的时间。"

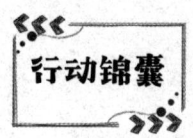

家长与孩子共同制定手机使用规则

下面表格中的规则适用于6~14岁的孩子，但具体适用的年龄范围会根据孩子的成熟度、自律能力和家庭环境有所不同。

◎ 6~8岁：在这个年龄段，孩子对一切事物都充满好奇，尤其是刚开始接触手机和互联网的孩子，更容易管控不住自己。家长需要更加严格地监督和指导，帮助孩子建立良好的使用习惯。

◎ 9~14岁：随着孩子进入小学中年级和高年级，以及初中生涯，家长可以开始引入更多的自主管理规则，培养孩子独立性，但仍需做好监督，以确保孩子遵守规定。

需要注意的是，每个孩子的发展和需求都是独特的，家长在制定规则时应考虑孩子的个人特点和实际情况，随着孩子的成长和变化适时调整规则，以保持其有效性和适应性。此外，家长的示范作用和与孩子的沟通同样重要，这有助于孩子理解和接受规则，培养其自控能力。

扫描二维码，回复"话术"，免费领取更多锦囊。

"智慧小玩家"手机使用指南

项目	分类	内容	备注
使用时间	使用时段	每天放学后先完成作业，才能使用手机	周六、周日特例：可以先使用手机，再写作业。注：如果平日出现未完成作业就玩手机现象1次，则取消特例
	使用时长	每天使用时间不超过1小时；每次使用时间不超过30分钟	
	休息时间	使用20分钟，必须休息10分钟	
观看内容	教育优先	优先使用手机学习，比如听故事、学习数学或外语	—
	师长推荐	只能观看老师推荐的内容，玩、使用家长同意的游戏和应用	
安全使用	个人信息	不在网上透露自己的名字、家庭地址、学校等个人信息	
	社交原则	不与不认识的网友见面或分享个人信息	

"智慧小玩家"手机使用指南

项目	分类	内容	备注
健康习惯	睡前不玩	晚上9点后不使用手机,保证充足的睡眠时间	—
	户外活动	每天至少进行1小时的户外活动,减少对手机的依赖	
家庭互动	家庭时间	用餐时和家庭聚会时不使用手机,与家人多交流	
	共同活动	与家人一起参与手机游戏或应用,增进亲子关系	
奖惩规则及特殊情况	表现奖励	如果遵守规则,周末可以额外获得30分钟手机使用时间	学会自己控制使用手机的时间,不依赖家长提醒
	违规惩罚	如果未遵守规则,将减少次日的手机使用时间	接受家长的监督,如果家长提醒,应立即停止使用
	沟通求助	如果对手机里的某些内容或功能不明白,可以向家长或老师求助	—
		如果在网上遇到让自己不舒服的事情,要及时告诉家长	

场景 2：做作业不看书本、只查手机

孩子在做作业时习惯于求助手机、平板电脑等电子设备，而不愿意查阅书本资料，这反映出孩子对现代技术的依赖，缺乏使用传统学习资源的意识。虽然互联网和电子设备提供了便捷的信息获取方式，但过度依赖可能影响孩子的深度学习能力和信息鉴别能力。父母需要引导孩子平衡使用电子设备和传统学习资源，培养他们的研究能力和批判性思维。

正反话术

- ❌ "你怎么又在用手机查资料?考试的时候,你也能带它进考场是吗?"
- ✅ "用手机查资料说明你很有探索精神,但考试时要用你学到的知识来答题。"

- ❌ "你现在怎么成这样了?你长的脑子是一点都不会用来看书吗?"
- ✅ "爸爸/妈妈理解你有自己的学习方式,但用脑思考和阅读书籍同样重要,我们可以一起找到适合你的学习方法。"

- ❌ "你总是依赖电子设备,以后怎么学习?"
- ✅ "电子设备是学习的好帮手,但书本中的系统性知识也很重要,两者结合使用会更有助于你理解。"

- ❌ "不要老是盯着屏幕,你的眼睛就只看那里?书本上的知识你都看不到?"
- ✅ "适当休息对眼睛有好处。不如换着看看书?书本中和网络上的知识都很重要,交替使用可以促进你的学习。"

❌ "直接用手机查最方便是吧？你这是偷懒！"
✅ "使用手机查资料很方便，但理解答案背后的原理同样关键，这样你才能更深刻地掌握知识。"

❌ "总用电子设备，难怪你的学习越来越差。"
✅ "使用电子设备可以提高学习效率，但书籍提供的知识深度和细节是无可替代的，两者结合运用可以帮助我们更全面地理解知识。"

❌ "你连书都不翻，直接就去网上搜索，这样能学到什么？"
✅ "搜索信息是快速学习的一种方式，但深入阅读书本可以帮助我们更全面地理解知识，让我们试着把这两种方式结合起来使用。"

❌ "你有没有脑子？书本里有的东西，电子设备上未必全有。"
✅ "电子设备提供了便捷的信息获取方式，但深度阅读书本对培养批判性思维非常重要，这两者都值得我们投入时间。"

❌ "你这样做，根本就是找借口，是在逃避学习。"
✅ "使用工具是学习的一部分，关键在于如何有效地利用它们来促进学习，让我们一起探索如何更好地利用这些资源。"

适合 5~15 岁孩子的阅读探索与成长计划

培养孩子的书籍阅读习惯,可以减少其对电子设备的依赖。

◆ **表格使用说明:**

像查字典一样使用本表格。想要增强孩子的阅读兴趣、提升孩子多方面的能力,就查阅相对应的栏目。

1. 预期目的:了解孩子能提升哪些方面的能力。

2. 阅读种类:想增长什么能力,就看什么种类的书。

3. 阅读书目:确定要增长的能力,了解了种类后,从"阅读书目"中选择合适的书。

阅读探索与成长计划表			
预期目的	阅读种类	阅读书目	阅读技巧
培养孩子的想象力和情感共鸣能力	童话故事	《夏洛的网》《查理和巧克力工厂》《小王子》《绿野仙踪》	角色扮演、复述故事情节、讨论对角色的感受
激发孩子对科学的兴趣,了解基本的科学知识	科普读物	《神奇校车》系列、《地球大百科》、《DK儿童百科全书》	图片观察、关键信息提取、简单实验操作

阅读探索与成长计划表			
预期目的	阅读种类	阅读书目	阅读技巧
了解历史故事，培养孩子对历史的兴趣	历史	《中国国家博物馆儿童历史百科绘本》《上下五千年》《历史其实很有趣》	时间线排序、重要事件记忆、历史人物讨论
让孩子感受语言的韵律美，提升其语言感知能力	诗歌	《唐诗三百首》《给孩子读的诗》《蝴蝶·豌豆花》《繁星·春水》	朗读练习、诗歌背诵、创作模仿
学习成功人士的品质和精神，激励孩子自我成长	传记	《安妮日记》《海伦·凯勒自传》	人物特质分析、重要决策讨论、个人目标设定
培养孩子思考和提问的习惯，激发其哲学思考	儿童哲学	《写给孩子的哲学启蒙书》《苏菲的世界》《儿童哲学智慧书》	问题思考、逻辑推理、哲学对话
通过看图画提升孩子理解力，培养其审美能力	图画书	《好饿的毛毛虫》《猜猜我有多爱你》《你看起来好像很好吃》《兔子的12个大麻烦》	图画解读、色彩感知、情感体验

阅读探索与成长计划表			
预期目的	阅读种类	阅读书目	阅读技巧
增加阅读的趣味性,提高孩子的阅读速度	探险小说	《哈利·波特》系列、《金银岛》、《纳尼亚传奇》系列	快速阅读、章节总结、情节预测
提供学科学习支持,提升孩子的学习技巧	学习参考书	《儿童数学思维培养系列故事绘本》《每天10分钟英语单词速记》《68所名校小学生分类作文全集》	重点标记、笔记整理、定期复习
通过简短有趣的故事传达给孩子道德教育和生活智慧	寓言	《伊索寓言》《中国古代寓言故事》《拉封丹寓言》	寓意理解、角色分析、道德讨论
增进孩子对自然界和科学现象的了解	自然科学	《我的第一本地理启蒙书》、《可怕的科学·自然探秘》系列、《奇妙的自然现象》	观察记录、实验模拟、科学原理探讨
培养孩子对艺术的感知和欣赏能力	艺术赏析	《儿童艺术博物馆》《给孩子的绘画简史》《艺术的故事》	图片欣赏、艺术风格识别、创作灵感启发

阅读探索与成长计划表			
预期目的	阅读种类	阅读书目	阅读技巧
锻炼孩子的思维能力和解决问题的技巧	思维训练	《孩子看的编程启蒙书》《蒙台梭利早教方案》《数独游戏》	逻辑推理、问题解决、策略思考
帮助孩子理解和表达情感，建立良好的人际关系，提高其情感识别能力	社会情感	《我的感觉》《我喜欢我自己》《我要了解自己：青少年情绪管理手册》	角色扮演、社交技巧练习
了解时事，拓宽知识面，增加信息量	杂志期刊	《环球少年地理》《小学生天地》《探索历史》	新闻讨论、信息整合、批判性思考

场景3：一遇到难题就懒得琢磨

场景分析

孩子在学习时一遇到难题就找家长，可能是因为他们缺乏自信，不相信自己能解决问题，这在心理学上称为"自我效能感不足"。同时，孩子可能没学会如何一步步解决问题，因此需要大人帮忙。如果家长总是立刻帮忙，孩子就没机会自己找答案，这会让他们觉得自己离不开大人。

教育上，有一种方法叫"逐渐释放的责任模型"，就是开始时家长多帮忙，然后慢慢让孩子自己来，这样可以帮助孩子学会自己学习，提高解决问题的能力。所以，要帮孩子减少依赖家长，得从以下几方面入手：一是提高孩子的自信，让他们相信自己能行；二是教孩子解决问题的方法；三是家长要学会适时放手，让孩子自己解决问题。这样孩子就能慢慢变得独立，学习更有自信。

正反话术

❌ "你怎么每次遇到问题就来找我？自己想办法！"

✅ "遇到问题时尝试自己解决是很好的锻炼机会，如果你需要帮助，我会在这里支持你。"

❌ "别的孩子都能自己解决，你为什么不行？"

✅ "每个孩子都有自己的学习节奏，我相信你也能通过努力找到解决问题的方法。"

❌ "你总是这样依赖我，那你考试的时候怎么办？"

✅ "独立解决问题是一项宝贵的技能，现在我们一起练习，这样你在考试时也能自信应对挑战。"

❌ "你连这都不会？你还有没有脑子？你上课都听什么去了？"

✅ "这个问题可能有些难，让我们一起慢慢来，一点一点地理解和掌握它。"

❌ "你每次都这样，不要跟我说你不会，你就是懒得动脑！"

✅ "每个人都有遇到困难的时候，让我们一步一步来，动动脑筋，找到解决的方法。"

- ❌ "谁能每次都帮你？你要学会自己解决问题。"
- ✅ "我理解你需要帮助，但培养你独立解决问题的能力也很重要，我们一起努力好吗？"

- ❌ "你这样做就是在逃避学习，逃避写作业。"
- ✅ "面对难题时，尝试不同的解决方法可以帮助我们学习和成长，让我们一起找到适合你的方法。"

- ❌ "不要一遇到难题就放弃，自己多动动脑筋。"
- ✅ "解决难题是学习的一部分，花时间思考可以锻炼我们的思维能力，让我们一起试试看。"

- ❌ "你是不是懒？没有尝试就说自己做不到。"
- ✅ "尝试是成功的关键一步，即使你不确定，也值得一试，我相信你有能力做到。"

- ❌ "我现在没有时间帮你，不要总来找我！"
- ✅ "我理解你需要帮助，但学会独立解决问题也很重要。当你准备好了，我们可以一起回顾和讨论。"

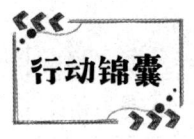

制订家庭周末活动计划

家长可以和孩子通过共同制订家庭周末活动计划并落地实施来培养孩子解决问题的能力,帮助孩子逐渐减少对家长的依赖。这样做孩子不仅能够在家庭活动中发挥积极作用,还能在日常生活中逐渐形成独立思考和决策的习惯,家长也能与孩子建立良好的沟通和信任关系。

◆ **注意事项**:

1. 家长应确保整个过程是积极的,避免批评或嘲笑孩子的建议。

2. 家长需要对孩子耐心引导,即使孩子的选择不是最合理的,也应该尊重他们的意见,并提供建设性的反馈。

3. 家长应该向孩子强调决策过程的重要性,而不仅仅是结果。

家庭周末活动计划			
背景	计划全家在周末进行一次户外活动,但尚未确定具体的活动内容和地点。		
时间	事项	步骤	备注
周五晚上	提出选项	①家长提出几个活动选项,如去公园野餐、参观博物馆、徒步登山等。 ②鼓励孩子提出自己的建议,增加选项	—

时间	事项	步骤	备注
家庭周末活动计划			
周六上午（1个小时）	信息收集	①家长和孩子一起研究每个活动的相关信息，包括地点、费用、所需时间、天气条件等。②让孩子负责收集某个活动的资料，如通过互联网查询或电话咨询	5~7岁的孩子可以只做第一步。8岁及以上的孩子可以两步都做
周六上午（1个小时）	评估与讨论	①家长引导孩子评估每个选项的优缺点。②讨论每个活动的可行性，如是否适合全家人、是否经济实惠、是否安全等	—
周六上午（1个小时）	表达观点	①让孩子根据收集的信息和讨论的结果提出自己的建议。②家长可以提出问题，如"为什么你认为去公园野餐是最好的选择？"来引导孩子表达自己的观点	—
周六上午（半个小时）	投票表决	①全家进行投票，每个人可以选择自己最喜欢的一个或两个活动。②家长可以解释投票的重要性和民主决策的过程	—

续表

家庭周末活动计划			
时间	事项	步骤	备注
周六上午（半个小时）	结果分析	①无论结果如何，家长都应该和孩子一起分析投票结果，强调决策过程的价值。 ②如果孩子选择的活动没有胜出，家长应该解释原因，并讨论如何在未来的决策中考虑这些因素	—
周六下午	活动准备	一旦确定了活动，家长可以让孩子参与活动的准备工作，如打包野餐食物、准备徒步装备等	5~7岁的孩子可以在家长的协助下做准备，进一步增强孩子的参与感和责任感。 8岁及以上的孩子可以按照活动筹备清单独自准备
预期成果		①孩子学会如何收集和分析信息，以及如何基于这些信息做出决策。 ②孩子学会理解民主决策和投票的过程。 ③孩子能体会到自己在家庭决策中的重要作用，增强其自信心和决策能力	

场景4：考差了就跟比自己差的比

场景分析

孩子考试成绩不理想时，可能会通过指出其他同学的成绩更差来缓解自己的失望或维护自己的自尊心，这是一种防御机制。这样的反应可能表明孩子缺乏自我反思，习惯于用他人的标准来衡量自己，而不是寻找自己学习上的不足和有待提升的空间。长期依赖外部比较，孩子的学习动机可能更多基于竞争而非对知识的内在兴趣，这会影响他们难以建立持久的自我激励机制和激发真正对学习的热情。

为解决这一问题，家长应采取策略鼓励孩子进行自我反思，识别自己的强项和待改进之处，而非与他人比较。家长应培养孩子基于个人兴趣和目标的学习动机，提供积极的支持，帮助孩子建立面对挑战的正面态度，并与孩子共同设立注重个人进步的目标，而非与他人竞争的目标。通过这些方法，孩子可以逐渐形成更健康的学习态度，专注于个人成长和自我提升。

正反话术

❌ "你总是拿自己和考得更差的同学比,这能说明什么?"
✅ "与他人比较可以提供新的审视自我的视角,但专注于自己的进步和设定个人目标更为重要。"

❌ "你怎么不跟第一、第二名比,怎么不说还有人考100分?"
✅ "学习是不断超越自己的过程,让我们看看怎么能帮你达到自己的最佳状态。"

❌ "总是比较有什么用?管好你自己!"
✅ "专注于自己的成长和进步、不断挑战自我,是达成目标的好办法。"

❌ "你这样说,是在逃避面对自己蠢、自己差的问题。"
✅ "面对挑战时,我们可以一起找出提升自我的方法,而不是回避问题。"

❌ "别人考得差并不意味着你就做得好。"
✅ "我们的目标是持续提升自我,而不是紧盯着他人的不足。"

❌ "你总是找别人比自己差的例子，你的脑子只会想这个，不会想学习？"
✅ "认识到自己的不足是成长的第一步，让我们一起找到提高学习效率的方法。"

❌ "别人的成绩与你无关，你应该专注于提高自己。"
✅ "专注于自己，设定并达成成长目标，是有效的学习策略。"

❌ "你这样比较，只会限制自己的成长。"
✅ "向优秀的人看齐，可以帮助我们突破限制。"

❌ "你还不是最差的，所以你很骄傲是不是？"
✅ "每个人都有进步的空间，认识到这一点并采取行动是真正的自信来源。"

❌ "你总是把别人当挡箭牌，什么时候能独立面对自己的问题？"
✅ "面对自己的问题并解决它们，是成长和学习的重要部分。"

进行"标杆访谈"

家长可以帮助孩子找到"标杆"（优秀的同学），与孩子一起分析成绩好的同学的学习方法和习惯，探讨可以借鉴的地方；还可以通过访谈的形式直接向同学学习。

◆ **访谈过程：**

1. 找到"标杆"及他们的家长，真诚、直接地表达想了解其学习的好方法和习惯。

2. 在获得许可后，可以开始访谈。将事先准备好的问题抛出，认真倾听并记录。

◆ **注意事项：**

访谈的目的是通过提出开放式问题引导受访者深入分享他们的学习经验和做法，从而为自己的孩子找出可借鉴的学习方法和习惯。家长们在陪伴孩子做这件事时，有以下3个方面要提醒孩子。

1. 访谈过程中保持友好和尊重，鼓励受访者详细分享他们的经验。

2. 根据受访者的回答再灵活地提出一些问题，以便深入了解所谈论的话题。

3. 记录访谈内容时，注意保护受访者的隐私，不要公开敏感信息。

标杆访谈内容

选项	问题
学习方法	你通常如何安排学习时间和学习内容？是否有特定的学习方法或技巧？
学习计划	你是如何制订学习计划的？当计划需要调整时，你是如何适应变化的？
专注力	在学习时，你是如何保持专注并避免分心的？
预习与复习	你通常如何进行预习和复习？你认为这对你的学习有什么帮助？
时间管理	你如何平衡学校作业、课外辅导和个人兴趣的时间？
家庭支持	你的家庭环境是怎样的？家长是如何支持你学习的？
应对压力	当出现学习压力或挑战时，你通常采取什么解决方案来应对？
阅读习惯	你是否有定期阅读的习惯？阅读哪些书籍？阅读的步骤是怎样的？
自我激励	如果遇到困难，你是如何激励自己不断学习并追求成功的？家长在这个过程中是怎么为你提供帮助与支持的？
学习态度	你认为是什么让你在学习上保持优秀？你有哪些好的学习习惯？

场景5：为逃避写作业常撒谎

场景分析

　　孩子逃避写作业可能是因为压力大、害怕失败或者对学习内容不感兴趣。他们可能觉得作业太难、时间不够用，或者担心做错后被批评。为了帮助他们，家长和老师应该鼓励孩子，让他们知道犯错是成长的一部分，重要的是吸取教训、累积经验。同时，要教孩子如何合理规划时间和管理学习任务，培养他们的自我管理能力。此外，还可以通过寻找孩子感兴趣的学习方式来提高其学习的自主性。最后，要鼓励孩子勇敢面对挑战，帮助他们建立解决问题的信心，而不是选择逃避。通过这些方法，孩子可以逐渐克服逃避行为，形成积极的学习态度。

正反话术

❌ "你怎么总是找借口？作业没做就是没做，撒谎解决不了问题。"

✅ "诚实面对未完成的任务是解决问题的第一步，让我们一起克服困难并解决它。"

❌ "你认为老师会信你的借口吗？这样只会让事情变得更糟。"

✅ "老师希望你可以诚实回答。承认错误是成长的开始，我们一起来找改善现状的方法。"

❌ "你以为大家都是傻子，只有你聪明？这种烂借口不要再用了。"

✅ "每个人都有可能犯错，重要的是承认并学习如何改正错误。"

❌ "这已经不是你第一次说作业本弄丢了，你需要对自己的行为负责。"

✅ "对作业负责是学习的重要部分，我们可以一起制订策略，确保作业完成并被妥善保管。"

❌ "别人都能按时完成作业，为什么你就不能？总是找这样的借口。"

- ✅ "每个学生都会遇到需要自己应对的挑战,让我们一起制订一个能帮助你按时完成作业的计划。"

- ❌ "我们已经听够了你的借口,你不要再撒谎了。"
- ✅ "我理解你的担忧,但诚实更重要,不用撒谎,爸爸/妈妈陪你一起面对问题。"

- ❌ "你这样撒谎,只会失去我们的信任。"
- ✅ "我们希望你能诚实面对问题,并努力解决它。"

- ❌ "每次交作业的时间到了就开始编借口,你自己觉得这样对吗?"
- ✅ "面对作业的挑战是学习的一部分,让我们一起制订能帮助你按时完成作业的策略。"

- ❌ "你这样撒谎,只会让人讨厌,没有人愿意跟你玩。"
- ✅ "诚实是友谊的基础,让我们一起做个作业计划,确保你能够完成作业,这样朋友们会更喜欢你。"

- ❌ "你以为这样可以逃避作业,但长远来看,这只会伤害到你自己。"
- ✅ "逃避不能解决问题,面对并解决它们才能帮助你获得长期的成功。"

行动锦囊

监督孩子的作业进展

通过下面的表格,家长可以系统地监督孩子的作业进展,同时培养他们自主学习的能力和责任感,确保他们及时、高效地完成作业。

家长督促表		
策略类别	家长操作细节	预期成效与目的
创建表格、使用工具	①与孩子共同创建作业记录表。②通过管理应用、白板等工具记录作业任务和截止日期	确保家长和孩子都清楚作业要求和进度,提高孩子作业完成效率
定期检查、家校沟通	①设置固定时间检查作业。②与老师保持联系,了解孩子在校表现	及时发现孩子遗漏或推迟的作业,确保其作业按时提交
自我监控、时间管理	①采用正面话术,多鼓励孩子自我管理。②教会孩子时间管理技巧,如使用计时器、番茄学习法、优先级设置等	培养孩子的自主学习能力和责任感,提高其时间管理能力

续表

家长督促表		
策略类别	家长操作细节	预期成效与目的
正面激励、环境布置	①设立奖励激励系统。②创设能安静写作业的地点。③通过视觉提示，设置固定的写作业时间	增强孩子完成作业的积极性，创造有利于学习的环境
共同制定行为契约	与孩子一起制定明确的行为契约，包括作业完成的规则和未完成的后果	培养孩子的责任感和纪律性，明确期望和界限
识别情绪、学会管理	①识别孩子的情绪，做出相应对策。②教会孩子如何识别自己的情绪，提供健康的表达和应对策略	帮助孩子管理压力和焦虑，减少其逃避行为
技能辅导、提供支持	①有针对性地提供学术支持。②根据孩子的学习需求提供个性化的辅导和资源	提高孩子的学术能力，以解决学习难题，增强其学习信心
家庭参与	参与孩子书面作业之外的学习活动，如一起读书或讨论学校相关话题	加强家长与孩子的联系，提高孩子的学习动力和兴趣
健康习惯	①监督孩子的作息时间，确保其有充足的睡眠。②鼓励孩子参与适量的体育活动	孩子保持良好的身体状态和精力，为高效学习提供原动力

续表

家长督促表		
策略类别	家长操作细节	预期成效与目的
反思调整	①定期与孩子一起回顾作业管理策略的有效性。 ②根据需要对策略进行调整	确保策略持续有效,适应孩子的成长和学习需求

场景 6：不愿意复习学过的内容

> 真是服了，都是已经学过一遍的知识，还一直让复习……

场景分析

孩子不愿意认真复习已学过的内容，认为学过一遍就足够了，可能反映出他们对学习过程中重复和巩固的重要性认识不足；也可能是因为孩子尚未体会到复习带来的深入理解和长期记忆的好处。在此情况下，父母和教育者需要引导孩子理解复习的价值，同时采取策略使其复习过程更加有趣和有效。

正反话术

❌ "你怎么又不复习了？这样怎么能学到知识？"
✅ "复习是掌握知识的关键，让我们制订一个复习计划，帮助你更有效地学习。"

❌ "别的孩子都在努力复习，就你总是找借口。"
✅ "找到自己的学习节奏很重要，我们来看看适合你的复习策略。"

❌ "就一个复习作业，你都不认真完成，将来怎么办？"
✅ "认真复习对未来至关重要，爸爸／妈妈陪你制订计划，帮助你专注复习，好吗？"

❌ "你每次都这样说，一点也不知道上进。"
✅ "设定目标并采取行动是上进的体现，让我们来一步步实现。"

❌ "不复习就以为自己会了？你太自以为是了。"
✅ "复习有助于发现知识盲点，确保你全面理解所学内容。"

❌ "再这样下去，你的成绩只会越来越差。"

- ✅ "定期复习可以强化学习效果、提高成绩，试试看？"

- ❌ "你的学习态度真让人失望，你需要改变。"
- ✅ "改善学习态度是个过程，我们一起努力。"

- ❌ "你现在不认真复习，考试的时候有你后悔的。"
- ✅ "提前认真复习可以减轻考试给你带来的焦虑。来，现在就开始准备吧。"

- ❌ "你这样对待学习，未来怎么能有成就？"
- ✅ "改变学习方法，是在为你未来的成功打下基础。"

- ❌ "总是这么马虎，你想好好学习吗？"
- ✅ "细节很重要，提高专注度就可以注意到细节，从而更好地复习。"

行动锦囊

创新的复习方法能让孩子感受到复习的有趣和有效

以下是 8 种复习的方法,家长可以按需选择,上手应用。

创新型复习(亲子版)	
名称	内容
故事串联	将复习的内容编成一个有趣的故事,让孩子在故事中回顾和巩固知识点。例如,读小学的孩子正在复习古诗《静夜思》,就可以让他们想象自己是诗人李白,讲述自己的"他乡经历"
问答游戏	家长可以和孩子一起玩问答游戏,家长提问,孩子回答,或者反过来。可以设置小奖励,提升游戏的趣味性,比如孩子答对一个问题可以获得一个贴纸,最后根据贴纸数量兑换相应奖品。奖品则可以是让孩子当一天"家长"、一起去公园等
创意绘画	利用绘画来复习知识点,比如制作思维导图,将学习内容以图形的方式表现出来。这种方法特别适合复习概念和关系,如生物分类、家庭成员关系等
角色扮演	家长和孩子一起进行角色扮演,通过模拟不同的情境来复习知识点。比如学习科学知识时,孩子可以扮演科学家,家长扮演采访者,进行一场"科学发现"的模拟采访

续表

创新型复习（亲子版）	
名称	内容
日常场景	将学习内容应用到日常生活中，比如在做饭时复习数学计算，或者在购物时复习货币的相关知识。这样可以让孩子实际应用知识，增强学习的动力
创作歌曲	利用音乐和歌曲来帮助记忆，比如将重要的公式、单词或者历史年代制作成歌曲，通过唱歌来复习。 值得注意的是：这一项不需要家长会谱曲，可以直接使用孩子喜欢的某首歌曲，把歌词换成公式、单词、古诗词等。如果孩子能独立完成，自己选歌、自己换词，那家长就配合做"学生"，一起唱出来
动手制作	制作与学习内容相关的手工艺品，如制作地理模型图、历史时间轴等。这种动手操作的活动可以帮助孩子更好地理解和记忆知识点
定时挑战	为孩子设置一个定时挑战，比如在10分钟内尽可能多地写出所学的单词或者公式。这种有挑战性的活动可以激发孩子的好胜心，让复习变得更有趣

场景 7：写作业时字迹潦草

> 你的字迹这么潦草，你们老师不说你吗？

> 作业那么多，不这样写怎么写得完！

场景分析

孩子写作业时字迹潦草，且在面对批评时以作业量过大为由辩解，反映出几个潜在的问题。首先，这可能表明孩子在时间管理和作业完成策略上遇到了挑战，他们可能没有为每项作业有效地安排时间或分配足够的注意力。其次，孩子的这种行为可能揭示了他们在作业质量和数量之间的权衡，在他们看来，作业的数量可能比作业的质量更为重要。此外，孩子可能还没有充分认识到整洁的字迹对学习的重要性，包括这会如何影响老师和同学对他所完成的作业的理解和评价。

解决这一问题需要通过培养孩子的时间管理技巧和有效学习策略来减轻他们的焦虑和压力。同时，重视作业的质量和呈现效果也很关键，需要教育孩子理解整洁书写的价值，并鼓励他们发展良好的书写习惯。

正反话术

❌ "你的字迹怎么这么难看？你怎么就不能慢点儿写？"
✅ "放慢书写速度可以使字迹更整洁，试试看专注于写每一个字，提高书写质量。"

❌ "别的孩子都能写得整齐，为什么你就不行？"
✅ "每个孩子书写的进步速度不同，我们来找出适合你的练习方法，提高书写质量。"

❌ "你这样急急忙忙地写，老师怎么看得懂？"
✅ "书写清晰很重要，花些时间放慢速度，确保每个字都容易阅读。"

❌ "你总是抱怨作业多，这不是借口。"
✅ "我理解作业多，但要专注地写，专心能帮我们既保证效率又保证书写质量。"

❌ "你字迹这样潦草，将来怎么行？"
✅ "改善书写工整度是一个逐步的过程，通过持续练习，你的字迹会越来越好的。"

❌ "你每次都这样,什么时候才能改改?"
✅ "改变书写习惯需要时间和耐心,我们一步步来,逐渐提高书写质量。"

❌ "你这么做是在逃避责任。"
✅ "认真对待每一次作业是有责任感的表现,让我们一起努力提高书写质量。"

❌ "你不把作业写清楚,是不是因为不想让人看懂?"
✅ "清晰的书写有助于展现你的想法,让作业更易读。"

❌ "你这种态度对学习真的好吗?"
✅ "保持积极的学习态度很重要,让你的努力准确地反映在作业上,好不好?"

❌ "总找借口,你的字迹什么时候才能改善?"
✅ "避免找借口,直面挑战。爸爸/妈妈相信通过持续练习,你的书写一定会进步。"

行动锦囊

了解小学生写字的要求,评价孩子的作业有据可依

对于小学生,尤其是中低年级的孩子,家长关注的重点应在其书写的基础笔画、字形和整洁度,同时鼓励他们以正确的姿势和笔顺进行书写,培养良好的书写习惯。随着孩子年级的升高,则应更加注重其书写的流畅性和作品的整体美感。

书写要求表	
项目	要求
笔画正确	每个汉字的笔画顺序和笔画数量都应符合规范
字形规范	字形应符合标准的楷书字形,结构平衡,比例协调
间架结构	字的结构布局要合理,左右结构、上下结构等应留有适当的空间并对齐
字迹清晰	每个笔画应清晰可辨,不模糊,不粘连
书写整洁	页面整洁,无涂改,字与字之间有适当的间距
书写速度	在保证书写质量的前提下,能够以适当的速度完成作品
整体布局	整个作品的布局美观,行间距均匀,整体和谐
握笔姿势	握笔姿势正确,有助于书写的稳定性和笔画的流畅性
笔顺流畅	笔画之间过渡自然,且笔顺流畅,显示出书写的连贯性

场景 8：等到考试临近才开始复习

> 不着急复习，再玩一会儿。

场景分析

孩子等到考试临近才开始认真复习的行为，反映了其存在典型的拖延问题，这可能导致他们在准备考试时感到压力巨大，严重影响其睡眠质量、饮食习惯，以及情绪状态。想要妥善应对这一问题，家长们可参考以下策略。

1. 提升时间观念：通过教授时间管理技巧和如何制订有效学习计划，帮助孩子提前准备考试，避免最后的紧张复习。

2. 减轻考试焦虑：通过正面的鼓励和心理支持，帮助孩子建立起面对考试的自信心，减轻孩子因考试产生的焦虑感。

3. 增强内在动机：与孩子一起探讨学习的意义和长远的目标，激发他们的内在学习动机。

4. 从长远角度看待学习：教育孩子认识到长期稳定学习的重要性，以及这样做对知识掌握和应用能力的长期影响。

正反话术

- ❌ "你怎么总是耗到'最后一分钟'才开始准备？难怪每次都考得那么差。"
- ✅ "提前准备可以提升成功率，制订一个早些开始的计划能帮助你更从容地备考。"

- ❌ "别人都提前备考了，你看看你，又要熬夜了。"
- ✅ "熬夜不是理想的备考方式，我们可以合理安排学习时间。"

- ❌ "你这样临时抱佛脚，考试能考好吗？"
- ✅ "持续而稳定的复习通常更有效，爸爸／妈妈可以陪你一起做计划。"

- ❌ "每次都这样，你什么时候才能改改？"
- ✅ "改变需要时间和实践，现在就开始，一步步改善你的备考习惯。"

- ❌ "你这种习惯很不好，将来怎么办？"
- ✅ "培养好的学习习惯对未来很重要，慢慢建立起良好的备考习惯，好吗？"

❌ "你现在这样对身体不好,对提高成绩也没作用。"
✅ "健康和成绩都很重要,我们来做一个双赢的计划。"

❌ "你每次考试都紧张,就不能先做好考前准备吗?"
✅ "减轻紧张的关键是提前准备。现在就开始吧!我们一起为下次考试做好准备。"

❌ "你总是把复习留到最后,不累吗?"
✅ "提前开始复习可以避免压力和疲劳,来规划一下,让学习更轻松,怎么样?"

❌ "你怎么就是不听话,提前做好充足准备不好吗?"
✅ "提前准备是避免考试时紧张的好方法,要确保有足够的时间复习。"

❌ "你再这样下去,迟早要出问题的。"
✅ "可以现在就采取措施,改善备考习惯,争取未来一切顺利。"

> 行动锦囊

中小学生考前状态管理

下列表格提供了一些常见的考试前焦虑表现及其可能的产生原因，同时也给出了一些建议性的应对策略和家长可以采取的行动。然而，每个孩子的情况都是独特的，因此这些建议还需要根据具体情况进行调整。在处理孩子的焦虑问题时，家长的支持和理解是非常重要的。

中小学生考前状态管理表

孩子表现	原因分析	应对策略	家长行动
考试前夜失眠	对考试结果的担忧和紧张	练习放松技巧，如深呼吸、渐进性肌肉放松等	帮助孩子养成良好的睡前习惯，如洗热水澡、阅读或听轻柔音乐
考试时手心出汗、心跳加速	生理反应，对考试的紧张和焦虑	考前进行适量的体育活动，帮助其缓解紧张情绪	鼓励孩子进行体育活动，保持身体健康，同时减轻考试前的紧张情绪
复习时注意力不集中	焦虑导致的难以集中注意力	采用番茄学习法，每学习25分钟后休息5分钟	帮助孩子制订合理的学习计划，鼓励他们采用有效的学习技巧
考试前频繁上厕所	紧张情绪导致的生理需求增加	考试前减少饮水量，避免饮用含咖啡因的饮料	提醒孩子考试前适当控制饮水量，避免因过度紧张而频繁上厕所

续表

中小学生考前状态管理表

孩子表现	原因分析	应对策略	家长行动
考试时大脑一片空白	高度紧张导致的暂时性记忆丧失	考前进行模拟考试,熟悉考试流程和环境	为孩子提供模拟考试的机会,帮助他们熟悉考试流程,减少实际考试时的紧张感
对复习内容的过度担忧	对考试内容掌握不充分的担忧	制订复习计划,确保覆盖所有考试内容	帮助孩子制订复习计划,确保他们有足够的时间复习所有内容
考前情绪低落	对考试结果的过度担忧导致的消极情绪	保持积极的心态,专注于自己能够控制的事情	鼓励孩子保持积极的心态,避免对考试结果的过度担忧
考前食欲下降	紧张情绪影响消化系统	保持健康的饮食,避免摄入油腻或难消化的食物	为孩子提供营养均衡的饮食,确保他们在考试期间保持良好的身体状态
考前过度复习	试图通过过度复习来缓解焦虑	保持适度的复习量,避免过度劳累	帮助孩子找到复习和休息的平衡点,避免过度劳累

场景9：做错的题目一错再错

场景分析

孩子学习时粗心或重复犯错，可能是因为注意力不集中、缺乏有效的学习策略，或者没有从错误中总结。他们可能因为内在的注意力控制能力不足，或外部环境干扰太多而分心。此外，缺乏耐心和细致度，或者没有定期复习的习惯，也会导致孩子再犯相同的错误。

家长可以帮助孩子减少干扰，集中注意力，教他们用归纳总结、思维导图等方法学习。孩子做完练习后，家长应及时提供反馈，教他们分析错误，并找到解决办法。通过这些方法，孩子可以提高学习效率，减少错误。

正反话术

❌ "你每次都重复犯同样的错误，你是不是根本就没有用心去改正？"

✅ "每个人都可能重复犯错，但认识到错误是改进的第一步哦。"

❌ "你这脑子，从错误中学不到任何东西。"

✅ "从错误中学习总结是成长的一部分，我们一起看看这次能学到什么。"

❌ "你这么不注意细节，将来怎么能做好其他事情？"

✅ "细节往往决定成败，让我们现在就开始练习如何更加专注和细心。"

❌ "你总是这样粗心，难道你自己不感到沮丧吗？"

✅ "改掉粗心的毛病是可以克服的挑战，只要找到方法就能提高注意力和准确性。"

❌ "我们已经不是第一次因为这个问题谈话了，你究竟在听吗？"

✅ "重复讨论同一个问题说明它很重要，爸爸／妈妈和你一起来解决这难题。"

❌ "你这样的态度只会让你一遍遍地犯同样的错误。"
✅ "改变态度和方法可以帮助我们避免重复犯错。"

❌ "重复犯错就意味着你没有认真对待它,你真的想好好学习吗?"
✅ "犯错是学习的一部分,认真分析并采取措施可以防止同样的错误再发生。"

❌ "你如果继续这样不改进,你的学习成绩只会越来越差。"
✅ "让我们一起找到改进的方法,确保你的学习成绩能够逐步提升。"

❌ "你的粗心大意让人非常失望,你需要对自己的学习负责。"
✅ "每个人都可能有疏忽的时候,重要的是认识到错误并采取措施。"

❌ "别人都在进步,只有你还在重复犯错,这样怎么能赶上别人?"
✅ "别人的进步可以激励我们。让我们一起制订一个计划,帮助你减少错误,迎难而上。"

> 行动锦囊

建立一本错题集

与孩子一起建立一本错题集并教给孩子错题集的使用方法。通过操作指南,家长可以更有效地帮助孩子建立和使用错题集,从而提高孩子的学习效率和成绩。重要的是,家长需要耐心引导,确保孩子理解错题集的价值,并鼓励他们成为自我学习的责任人。

错题集使用指南		
步骤	操作内容	注意事项
错题收集	每次作业或考试后,将错误的题目剪下来或复印,粘贴到错题集里	准备一个专用的错题集笔记本,或使用电子设备(如平板电脑)建立电子错题集
分类标注	按照学科(如数学、语文)或题型(如选择题、计算题)分类,并用标签或彩笔进行标注	在每个错题旁边注明错误类型,如概念错误、计算失误等
错误分析与订正	让孩子分析错误原因,并写出正确答案及解题步骤	引导孩子用不同颜色的笔标出错误点和正确解题的关键步骤

续表

错题集使用指南		
步骤	操作内容	注意事项
定期复习	制订每周或每月的复习时间表,确保错题得到定期回顾	在错题集中为每个题目设定预计复习日期,并在日历上标记
互动学习	邀请家长或老师参与讨论,针对孩子的错题进行深入讲解	鼓励孩子提出疑问,对于反复出错的题目,一起探讨不同的解题方法
更新与维护	定期检查错题集,更新对错题的理解,并移除已掌握的题目	每3个月对错题集进行一次全面复查,确认孩子是否真正理解了每个错题
奖励机制	设定目标和奖励,鼓励孩子减少错题并积极使用错题集	以时间段为单位进行奖励,例如,连续4周没有重复错误,可以奖励孩子额外的游戏时间或小礼品

场景 10：做作业时一会儿吃东西一会儿上厕所

场景分析

孩子做作业不专心、拖延，可能是因为缺乏自我管理和时间管理能力，对难题感到害怕或因家长期望太高而产生压力。家长频繁询问进度或过度监督，以及在孩子独立解决问题时过早提供帮助，都可能打断孩子的思路，增加他们的压力。此外，家庭环境嘈杂，如有电视声或谈话声，也会影响孩子集中注意力。

为了帮助孩子，家长可以采取以下策略。首先，实施"番茄学习法"，通过设定专注学习时间和休息时间，帮助孩子提高专注力。其次，为孩子创造一个无干扰的学习环境，准备一个安静整洁的空间，并移除可能导致分心的物品。再次，写作业前与孩子一起检查所需材料并规划当晚任务，设定明确目标。最后，设计一个积极的激励和奖励机制，鼓励孩子专注和努力。

正反话术

❌ "这是你第几次上厕所了?你怎么总分心,你根本就不想写作业。"
✅ "每个人都偶尔会分心,试试短暂休息后再继续。"

❌ "每天都这样,你什么时候才能学会专心?"
✅ "专心需要练习,我们可以尝试一些技巧,比如使用计时器。"

❌ "别的孩子都已经完成了作业,你还在这里浪费时间。"
✅ "别的小朋友做完了,而你依然在做,爸爸/妈妈看到了你在努力,加油!"

❌ "你还做不做?不做以后就永远不要做了!"
✅ "完成作业很重要,让我们现在就集中精力,一步步把它做完。"

❌ "你总是找借口,明明就是不想做作业。"
✅ "面对困难时,不要回避它,爸爸/妈妈可以和你一起找解决方法。"

❌ "哪来那么多话,你就不能让人省点儿心,好好完成作业吗?"

✅ "谈话是放松的方式,我们可以集中精力安静完成作业后再聊天。"

❌ "你这样拖拉,能成什么事?以后出去就是一个废物!"

✅ "拖拉会让人错失很多机会。先定一个小目标,比如先完成作业的第一页。"

❌ "你每天都这样说,这到底是为我学还是为你自己学?"

✅ "学习是为了你自己的未来,爸爸/妈妈会在这里支持你。"

❌ "你再这样,我就取消你的娱乐时间。电视不要看、游戏不要玩。"

✅ "娱乐时间是努力后的奖励,先集中精力完成作业,然后再享受娱乐时间。"

❌ "不准去!你今天不写完作业就不准睡觉。"

✅ "高效完成作业,才能有充足的时间休息。"

行动锦囊

执行番茄学习法

番茄学习法由弗朗西斯科·西里洛提出。

这种方法将工作(或学习)时间分割成一段段固定长度的时间块(通常为 25 分钟),每个时间块称为一个"番茄时间",完成 1 个"番茄时间"后休息 5 分钟。每完成 4 个"番茄时间"后,可进行一次较长的休息,如 15~30 分钟。

通过使用番茄学习法,家长可以帮助孩子建立起高效的学习习惯,同时也能够让孩子在学习过程中有规律地休息,保持精力充沛。这种时间管理方法需要一定的时间来适应,在此过程中,家长需要耐心引导孩子逐渐养成良好的学习习惯。

番茄学习法	
步骤	内容
准备工具	准备一个计时器(可以使用手机应用、厨房计时器或者专门的番茄钟定时器)
设定目标	与孩子一起确定一个具体的学习目标,比如完成某一科的作业或者复习一定数量的英语单词等
设定番茄时间	设定计时器为 25 分钟,这个时间段内孩子需要专心致志地完成学习任务

番茄学习法

步骤	内容
第一个番茄时间	告诉孩子,计时器开始后,孩子需要全神贯注地学习,不能做任何与学习无关的事情
短暂休息(5分钟)	当计时器响起时,意味着1个"番茄时间"已经结束,孩子可以休息5分钟。这段时间可以用来伸展、喝水或者做一些轻松的活动
重复步骤	重复上述两个步骤,每完成1个"番茄时间"(25分钟),就进行1次短暂休息(5分钟)
长时间休息(15~30分钟)	当连续完成了4个"番茄时间"后,孩子可以进行一次较长的休息,通常是15~30分钟。这段时间可以用来吃零食、稍微活动一下或者进行其他放松的活动
监督与鼓励	家长在旁监督,确保孩子真正投入到学习中,并在他们完成每个"番茄时间"后给予鼓励和肯定
注意事项	应根据孩子的年龄与实际情况来设定番茄时间,不一定非得是25分钟

第二章
日常生活，一波三折

场景1：把重要的个人物品到处乱放

> 哎呀！我把校园卡放到哪里去了？书包里也没有。

场景分析

　　孩子习惯随意放置个人物品，导致经常找不到重要的东西，这种行为反映出孩子在组织能力和责任感方面需要加强。这不仅降低了孩子的生活效率，增加了家务负担，还可能引起家庭关系紧张。为了帮助孩子克服这一问题，家长可以采取以下措施。首先，建立一个清晰的存放系统，为不同类别的物品指定位置，帮助孩子养成归位习惯。其次，鼓励并培养孩子定时、定期整理个人物品的习惯，如每天或每周固定时间进行整理，使之成为日常行为。最后，家长应给予积极的反馈，当孩子做得好时给予认可和奖励，以增强孩子维持良好习惯的动力。

正反话术

❌ "你的东西又放得乱七八糟的,每次找东西都像打仗。"

✅ "把东西放回原处,下次找起来就容易多了,试试看,你能做得很好。"

❌ "你怎么这么不爱惜你的东西?总是随便扔。"

✅ "东西用完后放回原位,这样下次再用找起来就很方便。"

❌ "每次都是我帮你找,你自己什么时候能对自己的东西负责?"

✅ "管理好个人物品是长大了的标志,相信你肯定能做到!"

❌ "你看看别人家的孩子,多有条理。你像什么样?"

✅ "有条理是好习惯,你也可以做到。一点一点来改善,好吗?"

❌ "我已经受够了你乱放东西,再这样就要惩罚你了。"

✅ "我们可以使用收纳盒来让你的房间保持整洁。"

❌ "你的房间就像个垃圾场,什么时候能整理整齐?"

- ✅ "房间整洁不仅看起来舒服,还能帮助你放松和集中注意力,试着每天花几分钟整理,怎么样?"

- ❌ "你总找不到东西,总是在浪费大家的时间。"
- ✅ "如果你的东西有固定的位置,找起来就会快很多,就不会耽误时间了。"

- ❌ "不要叫爸爸／妈妈,别指望我会帮你找,你的东西你自己负责。"
- ✅ "自己的东西自己找,这是培养独立性的重要一步,如果需要帮助,爸爸／妈妈愿意和你一起。"

- ❌ "你这乱糟糟的习惯什么时候才能改?"
- ✅ "改变习惯需要时间和耐心,只要每次进步一点点,你的房间就会慢慢变得整洁。"

- ❌ "再不学会整理,以后谁也不帮你。"
- ✅ "学会整理,你就能自己解决问题,变得更加独立,要不要试一试?"

行动锦囊

进行亲子整理活动

为了使"每日整理"既轻松有趣又容易操作，可以将其设计成一项寻宝游戏或挑战任务。以1个月为期限，家长与孩子一起共同完成，目的是让孩子养成整理、不乱丢乱放的好习惯。通过进行这样的亲子整理活动，让孩子参照表格，落实执行，孩子不仅能够养成整理的习惯，还能享受寻宝游戏的乐趣，同时家长也能轻松地引导孩子完成日常整理任务。

◆ **注意事项：**

1. 简单易懂：确保任务简单，易于孩子理解与执行。

2. 趣味性：使用寻宝、探险等孩子感兴趣的主题，让整理变成游戏。

3. 可视化：使用图表或贴纸来可视化孩子的进展和成就。

4. 正面鼓励：通过贴纸和奖励系统，正面鼓励孩子完成任务。

5. 共同参与：家长与孩子一起参与，使整理程序成为家庭互动的一部分。

6. 持续性：通过1个月的活动，让孩子养成良好习惯后，可以再不定时地开展类似活动，以确保孩子能长期、持续地形成整理习惯。

项目	任务	奖励
每日整理——"寻宝挑战"（1个月）		
起床后的宝藏搜寻	找到睡衣并放到洗衣篮里	获得"早起小鸟"贴纸
早餐后的清理行动	清理餐桌，把餐具放到洗碗池里	获得"清洁小帮手"贴纸
出门前的快速扫描	检查书包，确保所有书本和文具都已放入	获得"准备达人"贴纸
回家之后的宝藏归位	脱下的鞋子和外套放到指定的地方	获得"整理小能手"贴纸
作业时间的宝藏守护	完成作业后，将所有学习用品放回书包和抽屉	获得"学习宝藏守护者"贴纸
晚餐后的清洁大师	帮助清理饭桌，把餐具放到厨房	获得"清洁大师"贴纸
睡前的宝藏整理	准备好第二天要穿的衣服，并将玩具放回原处	获得"睡前整理专家"贴纸
最终宝藏箱	每天收集的所有贴纸放入个人宝藏箱中	每收集10个贴纸，可以兑换1个小奖励，如额外的阅读时间或周末的特殊活动

场景2：偏食、挑食

> 我只喜欢吃麻婆豆腐，其他的我不想吃……

> 不能只吃豆腐，其他的菜也要多吃才行！

场景分析

孩子拒绝新食物，只吃熟悉的食物，这被称为"食物新奇恐惧症"或"挑食"。这可能是因为孩子天生抗拒新事物，或不适应某些食物的味道和口感。随着成长，孩子会形成自己的饮食偏好，对不熟悉的食物接受度降低。

为帮助孩子克服偏食、挑食，家长可以采取以下策略。首先，尝试将新食物和孩子喜欢的食物搭配，比如混入炒饭中或做成有趣的形状，增加孩子的兴趣。其次，让孩子参与食物的准备过程，如洗菜或摆盘，激发他们的好奇心。此外，营造积极的用餐氛围，孩子尝试新食物时给予鼓励和表扬，并可设奖励系统激励尝试。最后，制定家庭餐桌规则，比如孩子在每餐尝试几口新食物，坚持规则但避免强迫，让孩子明白尝试是接受新事物的一部分。

正反话术

❌ "你怎么这么挑食？别的孩子都不这样。"
✅ "爸爸／妈妈理解每个人的口味不同，但尝试新食物可以让人发现新的喜好哦。"

❌ "你再不尝试新食物，就会错过很多好吃的东西。"
✅ "你可能会很喜欢新食物呢？我们鼓励你尝试一下。"

❌ "你每次都这样，真让人头疼。"
✅ "适度尝试新事物是探索的过程，我们来一起试试看。"

❌ "如果你不尝试，就什么都不许吃。"
✅ "尝一小口看看你是否喜欢？你如果愿意，爸爸／妈妈陪你一步步来。"

❌ "总是偏食，怎么可能长得高？"
✅ "多样化的饮食对健康很重要，我们来探索一些能让你长高的新食物吧！"

❌ "我花时间做的新菜你一口都不尝，真是不尊重人。"

- ✅ "爸爸／妈妈努力做的新菜你愿意尝一小口吗？我会很高兴呢。"

- ❌ "你这么挑食，以后怎么办？"
- ✅ "我们慢慢来，尝尝新食物可以让你的口味更加丰富。"

- ❌ "别的孩子都愿意尝试新食物，只有你最麻烦。"
- ✅ "我明白每个人适应新食物的速度不一样，我们来一起找到适合你的节奏。"

- ❌ "我不想再看到你拒绝新食物了。"
- ✅ "尝试新食物可能需要一些勇气，你想做一名小勇士吗？"

- ❌ "不尝试就别想吃甜点。"
- ✅ "尝试新食物后，就可以吃到甜点哦。这个小奖励你喜欢吗？"

> **行动锦囊**

让孩子一起参与的家庭餐桌亲子活动

通过这些活动,孩子不仅能够享受参与准备食物的乐趣,还能学习到营养知识,养成健康的饮食习惯。家长的陪伴和鼓励是孩子积极参与的关键。

家庭餐桌亲子活动		
活动名称	内容	目的
亲子烹饪日	每周设定一个"亲子烹饪日",让孩子参与准备晚餐	增进家庭互动,让孩子对食物产生兴趣
我的美食日记	鼓励孩子记录下他们帮助准备的食物,以及他们的感想	提高孩子对食物的认识和对烹饪的参与感
食物造型游戏	利用食材(如胡萝卜、黄瓜、面包片等)让孩子发挥想象力,制作有趣的食物造型	激发孩子的创造力,让食物准备变得有趣
猜猜我是谁	准备几种常见的食材,让孩子通过触摸、闻味来猜测食材,然后一起制作相关食物	训练孩子的感官能力,增加其对食材的认识
小小厨师帽	为孩子准备一顶厨师帽,让他们在烹饪时戴上,增加仪式感	让孩子在角色扮演中享受准备食物的乐趣

家庭餐桌亲子活动		
活动名称	内容	目的
颜色大拼盘	利用不同颜色的食材，让孩子制作彩虹色的食物拼盘	通过视觉吸引孩子，鼓励他们尝试多种食材
食谱大作战	选择一个简单的食谱，让孩子按照步骤尝试独立完成	培养孩子的独立性和解决问题的能力
种植与收获	在阳台或花园中种植一些简单的蔬菜或草本植物，让孩子参与整个种植过程	让孩子了解食物的来源，增加其对健康饮食的认识
食物寻宝游戏	制作一张清单，列出需要购买或准备的食材，跟孩子到超市去购买，让孩子"寻宝"	将购物变成游戏，让孩子对食材更加感兴趣
味蕾要说话	准备几种不同口味的食物，让孩子尝试并描述他们的感受	培养孩子的味觉探索能力，鼓励他们尝试新口味

场景 3：父母不在家就玩老人的手机

> 你爸妈不在，你用奶奶的手机玩一会儿就行了！你已经玩了 3 个小时，也该休息了。

场景分析

孩子在父母不在家时向老人要手机玩，可能是因为他们知道父母不允许，想趁父母不在时玩手机。这表明孩子会根据不同大人的反应来调整自己的行为，也可能说明祖辈和父母在管教上有所不同，孩子知道祖辈更宽容。

为了解决这个问题，父母和祖辈应该统一规则，让孩子明白无论是谁在家，规矩都一样。同时，要教孩子学会自我控制，不管有没有大人在身边，都要遵守规则。家长可以给孩子提供不涉及手机的娱乐，比如玩桌面游戏、阅读或进行体育活动，让他们有别的好玩的事情做。父母自己也要做好榜样，合理使用电子设备，并定期检查孩子的手机使用情况，和他们讨论用手机都干了什么。

正反话术

- ❌ "你只有在爷爷奶奶那里才敢这样,别耍这种小聪明,这样非常讨厌!"
- ✅ "在任何地方我们都应该遵守这个规则,耍小聪明不是解决问题的办法。"

- ❌ "整天就知道玩手机,等我们回来,看我怎么收拾你。"
- ✅ "我理解你可能会想玩手机,但平衡娱乐和学习时间也是很重要的事。"

- ❌ "你利用爷爷奶奶不懂规则来玩手机,这样做合适吗?"
- ✅ "利用爷爷奶奶不了解规则来获得娱乐时间,这不是一个好做法。"

- ❌ "你这是背着我们做事,知道吗?这样很不诚实。"
- ✅ "诚实是非常重要的品质,无论爸爸/妈妈在不在场都应该遵守规则。"

- ❌ "明明知道规则,为什么在爷爷奶奶面前假装忘了?"
- ✅ "规则是为了帮助我们成长,即使在爷爷奶奶家,我们也应该记得并遵守它们。"

❌ "你这样让爷爷奶奶很为难，他们不知道我们的家规。"
✅ "我们理解爷爷奶奶可能不清楚规则，但遵守约定是你的责任，无论在哪里。"

❌ "不允许你趁我们不在时违反家里的规定。"
✅ "即使我们不在你身边，家里的规则依然适用。"

❌ "你在家不敢这样，去了爷爷奶奶家就变了，这是为什么？"
✅ "无论在咱家还是在爷爷奶奶家，我们希望你能表现一致。"

❌ "你再这样干，以后就再也没有零花钱了。"
✅ "如果你继续这样做，我们可能需要重新考虑你的零花钱安排。"

❌ "你这样做是在挑战我们的底线，知道吗？"
✅ "我们期望你遵守家庭规则，这是对你自己负责，也是对家庭成员尊重。"

行动锦囊

策划老人也能使用的手机监管方法

手机监管方法（老人使用版）		
项目	内容	操作细则
固定手机使用时间	与孩子一起商定每天可以使用手机的固定时间，比如晚饭后的30分钟	让老人了解这一规则，并在规定时间监督孩子使用手机的情况
引导参与其他活动	为老人准备一些简单的活动建议，如棋类游戏、园艺或散步	当孩子想要玩手机时，老人可以引导孩子参与这些活动，转移他们的注意力
使用"手机使用卡"	制作"手机使用卡"	每次孩子使用手机时，老人从卡片上撕下或标记相应的时间段。这样可以直观地记录孩子的手机使用情况，避免过度使用

场景 4：一被拒绝就挑衅顶嘴

> 学习的时候不要老看手机！

> 我就喜欢这样！

场景分析

孩子故意做家长不让做的事情，可能是想表达自己长大了，想要更多的自主权，这是他们在成长过程中探索自我和权力边界的正常表现。同时，这也可能是孩子吸引家长注意或测试家长反应的方式，有时候还可能是因为孩子不知道如何更好地表达自己的感受或需求。

面对孩子的挑衅行为，家长应保持冷静，避免激烈的情绪反应，通过积极倾听和明确界限，让孩子知道他们的感受可以被理解，但某些行为是不可被接受的，并提供可被接受的行为选项。家长需要一致地实施之前商定的结果，确保结果与行为一一对应，并始终如一地执行。此外，家长可以引导孩子用更健康的方式表达不满，同时，建立一个开放的沟通环境，让孩子知道他们的想法会被尊重。

正反话术

- ❌ "你这种态度是不行的,你必须听话。"
- ✅ "你的感受很重要,但遵守规则同样重要,我们来谈谈如何更好地表达你的想法。"

- ❌ "你喜欢?你喜欢月亮是不是还要去天上拿?我不喜欢,你就不准做。"
- ✅ "我理解你有自己的喜好,我们可以找到一个双方都满意的解决方案。"

- ❌ "你怎么这么不尊重人?"
- ✅ "尊重是相互的,我们来谈谈如何用尊重对方的方式表达不同意见。"

- ❌ "你再这样,我就要惩罚你了。"
- ✅ "我们希望能找到解决问题的方法,但如果你继续这样,我们会考虑实施一些纪律措施。"

- ❌ "你继续喊,别以为这样我就会让步。"
- ✅ "沟通是解决问题的关键,大声喊叫并不是好办法,让我们平静地谈谈。"

❌ "我告诉你,你这么做只会让情况变得更糟。"
✅ "让我们找到一种更有效的方法来处理这个问题,这样可以避免让情况恶化。"

❌ "你这种行为我不接受。"
✅ "我理解你的感受,但我希望你可以使用我们双方都能接受的方法。"

❌ "每次告诉你不可以,你都要反抗,你这么有本事就不要用我的钱。"
✅ "反抗可能是你表达自己的方式,但让我们找到更成熟的沟通方法,这样我们都能更好地理解对方。"

❌ "你总是这样顶嘴,不可能得到你想要的。"
✅ "顶嘴不是有效的沟通方式,你其实可以更好地表达自己的需求。"

❌ "你再这样说话,就不准去踢球、不准玩手机!"
✅ "我们期望你能以尊重我们的方式表达观点,如果你继续这样说话,我们将采取一定措施约束你的行为。"

> **行动锦囊**

"防患于未然"书单

对于喜欢挑衅的孩子,我们可以在平时运用阅读的方法,潜移默化地帮助他们理解社会规则、理解他人感受,进而改善他们的行为。以下是一些建议阅读的书籍,这些书籍通过故事的形式,帮助孩子理解合作、尊重和自我控制的重要性,可以有效地应对孩子的顶嘴挑衅,防患于未然。

通过阅读这些书籍,孩子可以在一个支持性环境中探索和学习重要的社会和道德价值。家长可以与孩子一起阅读这些书籍,并讨论故事中的主题和信息,以增强学习效果。

"防患于未然"书单	
书目	主题
《野兽国》(Where the Wild Things Are)	这本书通过一个小男孩的奇幻冒险,探讨了爱、纪律和自由的主题
《小熊维尼》(Winnie-the-Pooh)	通过小熊维尼和他的朋友们的故事,孩子可以学习到友谊、同情和团队合作的重要性
《好奇猴乔治》(Curious George)	这个系列的书籍通过讲述一个好奇的小猴子的冒险故事,教导孩子探索、学习和遵守规则
《爱心树》(The Giving Tree)	这本书通过一棵树对一个男孩无条件的爱,探讨了无私和奉献的话题

"防患于未然"书单	
书目	主题
《彩虹的尽头》(The Rainbow's End)	这本书通过动物们寻找彩虹尽头的宝藏的故事,探讨了幸福和真正重要的事物的主题
《你很特别》(You Are Special)	这本书通过一群微美克人的故事,帮助孩子理解每个人都是独一无二的,都有自己的价值
《小熊宝宝》系列	这个系列书籍通过小熊宝宝的日常冒险,教导孩子关于礼貌、分享的良好社交行为
《魔法师的帽子》(The Magician's Hat)	通过讲述一系列奇幻的故事,书中鼓励孩子思考行为的后果和个人责任
《爱德华:世界上最恐怖的男孩》(Edwardo: The Horriblest Boy in the World)	这本书通过一个被认为是"恐怖"的男孩的故事,教导孩子关于行为和标签的主题

场景5：晚上不按时睡觉

> 时间不早了，该睡觉了！

> 我知道了，马上就睡！

场景分析

孩子晚上不愿意按时睡觉，可能是因为他们想要更多的自主权，或者想得到父母更多的关注。晚上不睡觉，可能是孩子试图控制生活，或在忙碌一天后，孩子希望得到与父母独处的时间。此外，看屏幕时间过长、作息不规律或睡前环境不佳也会导致孩子晚睡。

家长可以采取以下策略。首先，建立固定的睡前例行程序，如洗漱、讲故事或听轻音乐，帮助孩子放松，逐渐形成睡觉的条件反射。其次，明确睡觉时间并坚持，即使孩子拖延，也要温和而坚定地提醒他们。此外，使用视觉提示，如沙漏；调整睡眠环境，让房间安静、黑暗且温度适宜。

家长应通过自己的行为为孩子树立榜样，给孩子一些选择的空间，让他们参与睡前安排，增加其遵守规则的动力。这样不仅能帮孩子建立良好的睡眠习惯，还能增进亲子关系，促进家庭和谐。

正反话术

❌ "你再不睡觉,我就生气了!"
✅ "保证充足的睡眠很重要,现在是准备睡觉的时间了哦。"

❌ "你怎么这么不听话,快去睡!"
✅ "睡觉是为了你的健康,你现在需要平静下来,准备进入梦乡啦。"

❌ "为什么你的兄弟姐妹能按时睡,就你不行?"
✅ "每个人的作息可能不同,但我们都希望你能按时休息,保持健康。"

❌ "你明天不想去学校了是吗?"
✅ "充足的睡眠能让你明天精神饱满地去学校,我们现在就去睡觉吧。"

❌ "你是不是故意的?你现在不睡今晚就别想睡了。"
✅ "我理解你可能暂时还不困,但规律的睡眠时间对你的身体有好处。"

❌ "你再不睡,明天就不准玩游戏!"
✅ "如果你现在去睡觉,明天我们可以安排一些游戏时间。"

❌ "每晚都这样,你真让人烦!"
✅ "保持规律的睡眠时间对健康很重要,我们可以尝试新的方法来入睡。"

❌ "快去睡,不然爸爸妈妈就不喜欢你了!"
✅ "睡眠对你的成长非常重要,爸爸/妈妈陪着你。"

❌ "你再这样,就要受惩罚了!"
✅ "还记得故事里的小熊吗?你肯定也能像他一样遵守睡前规则,对吗?"

❌ "别的孩子都已经睡了,就你最调皮!"
✅ "每个孩子都有自己的入睡节奏,你也肯定能按时睡觉,对不对?"

行动锦囊

进行睡前例行活动

为孩子设计一份睡前例行活动表,可以帮助他们建立稳定的睡眠规律,减少晚上不愿睡觉的行为。通过这样的睡前例行活动,孩子不仅能进行充足的准备以进入睡眠状态,还能享受到与家人亲密交流的宝贵时间。

◆ **注意事项:**

1. 根据孩子的年龄和个性,活动内容和时长可以灵活调整。
2. 保持例行活动的一致性,帮助孩子形成稳定的生物钟。
3. 家长的参与和榜样作用对孩子的影响至关重要。

睡前例行活动表		
阶段	活动	目的
准备阶段 (睡前30分钟)	整理玩具/物品	让孩子参与收拾玩具和个人物品,培养责任感
	洗漱	刷牙、洗脸,进行个人卫生清洁
放松阶段 (睡前20分钟)	更衣准备	换上睡衣,让孩子养成更换睡衣睡觉的习惯
故事时间 (睡前10分钟)	平静活动	进行一些安静的活动,如拼图、涂色或阅读绘本
	读故事	让孩子选择一本喜欢的故事书阅读
	讲故事	家长给孩子读故事,或播放轻柔的睡前故事音频

续表

睡前例行活动表		
阶段	活动	目的
安抚阶段	低音量音乐	播放轻柔的音乐或自然声音,如海浪声、雨声
	夜间灯光	调暗房间灯光或使用夜灯,创造一个舒适的睡眠环境
沟通与感恩 (睡前5分钟)	亲子交流	与孩子聊聊今天发生的有趣或特别的事情
	感恩练习	引导孩子思考并表达对当天的感恩之情
最后的准备	使用洗手间	确保孩子在睡前上过洗手间,减少其夜间醒来的机会
	晚安仪式	家长给孩子一个晚安吻,互相说"晚安""我爱你",表达爱和关怀
进入睡眠	独立入睡	鼓励孩子尝试独立入睡,家长可在旁边陪伴,直到孩子睡着

场景6：养了宠物却懒得管

> 妈妈，狗狗又尿地上了，你快来清理一下！

场景分析

孩子对家中宠物感情深厚，却逃避清洁和喂食等护理工作，这反映出他们可能尚未充分认识到养宠物的责任。家长可以将此情况视为培养孩子责任感的机会，让孩子明白喜欢宠物是一回事，而认真照顾宠物则是更深层次的责任。为了培养孩子的责任感和自理能力，家长可以与孩子共同制订详细的宠物护理计划，明确分配喂食、清洁等任务，并使用图表或日程表来帮助孩子可视化和管理任务。同时，家长应给孩子分配具体的护理职责，如负责每日喂食，以教会他们宠物护理的重要技能。此外，建立一套奖励和提醒系统，通过正面激励和定时提醒，鼓励孩子履行责任，如果孩子能够连续一周照顾宠物，可以给予适当的奖励，如零花钱或游戏时间。家长需要耐心引导和监督，帮助孩子逐渐适应并认真对待他们对宠物的护理责任。

正反话术

❌ "你怎么又忘记喂小狗了？你怎么这样不负责任？"
✅ "喂小狗是每天的重要任务哦，可以设个闹钟提醒，确保自己不会忘记。"

❌ "每次都是我提醒你清理，你不想养它就丢出去。"
✅ "清理工作是养宠物的责任之一，让我们一起想个办法来记住和执行这项任务。"

❌ "你不能只喜欢跟狗玩却不愿意照顾它，这样对全家人不公平。"
✅ "养狗狗好玩，但你也要负起责任，照顾小狗人人有责哦。"

❌ "如果你再这样忽略它，就别要它了，我让别人来照顾你的小狗。"
✅ "照顾小狗需要坚持，你想不想制订一个照顾计划？"

❌ "你总是逃避清理工作，这种行为很讨厌。"
✅ "清理工作是养宠物的一部分，你要负起责任来呢。"

❌ "你不管它，就不要养！"
✅ "养宠物意味着承担责任，如果你需要帮助，爸爸／妈妈可以和你一起解决问题。"

❌ "给你养还给错了，你看看它把家搞成什么样子？"
✅ "宠物会制造混乱，这是它的天性。我们来学习如何快速清理并教它养成好习惯。"

❌ "要买它的时候哭天喊地，现在根本不管它，你以后不要叫我买东西。"
✅ "养宠物是你和爸爸／妈妈的长期约定哦，买回来就需要一直照顾好它。"

❌ "有什么东西是你好好对待的？总是三分钟热度。"
✅ "保持热情和关心是成长的一部分，你长大了，应该负起责任来啦。"

❌ "以后我永远不会让你养小动物了！"
✅ "小动物是我们人类的好朋友，你照顾好小狗，就是在照顾好朋友呀。"

行动锦囊

与孩子一起制订宠物照顾计划

家长与孩子一起制订一份宠物照顾计划,这是一个培养孩子责任感和照顾技巧的好机会。通过执行这样的计划,孩子不仅能学习到如何照顾宠物,还能培养其责任感、时间管理和关怀他人的能力。家长的参与和监督对确保计划的成功执行至关重要。

宠物照顾计划		
任务频率		具体活动
每日任务	早上起床后	喂食:根据宠物的饮食习惯,准备适量的食物
		清洁:清理宠物的排泄物,保持其居住环境的卫生
		散步:带宠物出去散步,进行日常锻炼,注意使用牵引绳
	下午放学后	检查:检查宠物的水碗,确保有足够且清洁的饮用水
		陪伴:花时间与宠物互动,比如玩耍或训练
	晚上睡觉前	再次散步:确保宠物在睡前有机会排泄
		安慰:给予宠物一些温柔的抚摸或话语,帮助它们安静下来
每周任务		清洁:每周至少彻底清理宠物的笼子或睡觉区域1次
		洗澡:根据宠物的品种和需要,每周或每两周给宠物洗澡1次

宠物照顾计划

任务频率	具体活动
每周任务	玩耍：每周保证有足够的玩耍和训练时间，保持宠物的活力和训练效果
每月任务	健康检查：观察宠物的健康状况，必要时带宠物去兽医处接受检查
每月任务	疫苗和驱虫：按照兽医的建议，定期带宠物去接种疫苗和进行驱虫
季度/年度任务	年度体检：每年和家长一起带宠物去兽医处进行全面体检
季度/年度任务	证件更新：检查宠物的健康证明和相关证件是否需要更新

◆ **教育和安全**：

1. 学习：教会孩子如何正确抱起宠物、抚摸宠物和与宠物互动，避免伤害宠物或自身。

2. 安全措施：确保家中环境对宠物是安全的，比如没有小物品会让宠物误食。

◆ **奖励和反馈**：

1. 奖励：当孩子连续1周或1个月很好地完成了照顾任务，家长应给予适当的奖励，如额外的游戏时间或小礼物。

2. 反馈：定期与孩子讨论宠物照顾过程中的问题和进步，给予积极的反馈。

◆ **记录和监督**：

1. 记录：家长教孩子使用日历或计划表记录宠物的日常活动和所有健康问题。

2. 监督：家长应定期检查孩子是否按照计划执行任务，并提供必要的帮助和指导。

场景7：坐电梯抢上抢下

> 真是的，怎么总是不等妈妈呀！

场景分析

孩子在公共场合抢先行动，如抢上电梯或下楼梯，显示了他们对安全和公共规则认知的不足，尽管这反映了孩子有一定的独立性和探索欲，但也暴露了其对潜在危险的缺乏预见。

为提升孩子的安全意识、加深孩子对社会规则的理解，家长可以采取以下措施：首先，进行安全教育，用具体例子或故事向孩子解释在公共场合抢行可能带来的风险，强调等待大人的重要性；其次，通过角色扮演游戏，如"上电梯"或"下楼梯"，教孩子学习公共礼仪和行为规范；最后，设定清晰的规则，要求孩子在公共场合等待大人，并在他们遵守规则时给予正面反馈和奖励。

正反话术

❌ "你怎么又先跑了？告诉你多少次了，要等大人！"
✅ "等待大人一起行动特别重要，要练习耐心等待哦。"

❌ "你这样很不安全，别再这么鲁莽了！"
✅ "安全第一，要等待爸爸／妈妈，咱们一起行动。"

❌ "你怎么就是不听话呢？等待是基本的礼貌！"
✅ "遵守规则和等待大人既是礼貌，也是为了安全。"

❌ "再这样冲动，以后就不带你出门了。"
✅ "我理解你的急切，但冲动行事可能会有危险。"

❌ "你能不能不要让大家担心？"
✅ "你的安全对我们来说非常重要，我们一起行动会更安全。"

❌ "你不等人就先走，是不是不想跟我们在一起？"
✅ "我知道你可能想探索新事物，但我们是一个团队，要一起行动呀。"

❌ "你这样做很自私，只考虑自己。"

- ✓ "等待大人的小朋友真体贴呀，我相信你也会贴心地等爸爸／妈妈一起走的，对不对？"

- ✗ "别的孩子都能做到，为什么你就做不到？"
- ✓ "我相信你也能等待大人，而且比其他小朋友做得还要好，对不对？"

- ✗ "你再这样，可能会发生危险，你想过没有？"
- ✓ "你的安全是爸爸／妈妈首先要考虑的事，一起行动很重要。"

- ✗ "不等大人是非常不礼貌的行为，你要为此道歉。"
- ✓ "等待大人的小朋友可真有礼貌，你也一定能做到，对不对？"

行动锦囊

家长与孩子共同制订角色扮演游戏活动方案

角色扮演游戏活动方案		
项目	内容	细则
角色与场景设定	选择具体角色：如超市顾客或公交车乘客	选择适合的场景：如超市或公交车站，模拟真实的公共场合
行为与任务模拟	行为：家长示范并引导孩子模拟正确的行为，如排队、使用礼貌用语	任务：完成特定的互动任务
情境变化与情感体验	变化情境（如人多等候或请求帮助）	让孩子体验不同的情感，增强同理心
即时反馈与角色互换	对孩子的行为给予即时正面反馈	尝试互换角色，增强孩子的责任感
故事讲述与谈感受	通过讲述小故事加深理解	让孩子尝试复述故事或谈谈听完故事后的感受
注意事项	安全优先	确保所有游戏活动都在安全的环境下进行，避免孩子使用危险道具

续表

项目	内容	细则
注意事项	适宜性	根据孩子的年龄和理解水平设计游戏,确保内容匹配孩子的认知
	正面引导	使用积极的语言和行为进行引导,避免负面评价和批评
	互动与反馈	鼓励孩子积极参与游戏,并对游戏中的行为给予及时、具体的反馈

场景 8：喜欢乱涂乱画

场景分析

孩子喜欢在墙上或桌上涂鸦，这是他们自然表达自己和探索世界的方式，有助于他们发展运动技能，以及学习如何与环境互动。涂鸦对孩子来说是一种早期的沟通手段，可以展示他们的想法和情感。但父母需要引导孩子，若想避免家中出现纪律问题，便应教会他们哪里可以涂鸦，哪里不可以。父母可以提供专门的涂鸦区域，比如绘画纸或白板，并鼓励孩子尝试不同的艺术材料。同时，父母可以参与孩子的创作过程，借此增强亲子关系。这样，孩子既能享受创作的乐趣，也能学会如何爱护自己的生活环境。

正反话术

❌ "看看你做的这些,家里都被你弄乱了!"
✅ "让我们一起来做收拾小游戏,以后记得玩完就把东西放回原处。"

❌ "怎么又在墙上画,多少次要你注意了!"
✅ "画画很有趣,但我们要在正确的地方画哦,比如纸或者画板。"

❌ "你每次涂鸦都让人头疼,怎么就学不会在纸上画呢?"
✅ "我猜你想要创作,让我们找一个更适合画画、创造的地方,画布怎么样?"

❌ "桌子都被你画坏了,知道吗?"
✅ "桌子是用来吃饭和学习的,用这张纸来保护桌子,这样你还能享受画画的乐趣,好不好?"

❌ "我们的家不是你的画布,停止这样做!"
✅ "家里保持整洁,心情才美美地,我们可以画在纸上,把它变成小礼物。"

❌ "再画我就要收走你的彩笔了。"
✅ "彩笔是用来创作的,不过要用在合适的地方。你在纸张上创作好不好?"

❌ "你看看别的孩子,人家都知道在哪里画画。"
✅ "墙和桌子不能画画哦,在纸上和画板上自由创作吧。"

❌ "你这样会让我们很难办,你要为此负责。"
✅ "你想画画,爸爸／妈妈很高兴,用纸张画,你的作品才能被好好保存哦。"

❌ "别以为涂鸦就是创造,你这样只会给我们添麻烦。"
✅ "用纸张代替墙面,让你的创造力充分展示而不是带来麻烦,好不好?"

❌ "我不想再看到任何墙上或桌上有新的涂鸦了。"
✅ "画画是件美妙的事情,你在画板上尽情地画,就不用担心弄脏家具了。"

行动锦囊

划分儿童行为界限并进行引导

通过下列表格，家长可以更系统地培养孩子的学习界限感，帮助孩子形成良好的行为习惯和社会适应能力。

儿童行为界限与引导规划表			
常见情景	设定界限	提供策略	教育目的
墙上涂鸦	指定涂鸦区域或使用画纸	提供画纸、可洗颜料或指定的涂鸦墙，展示如何正确使用这些工具	孩子学会在允许的地方表达创意
玩手机或平板时间过长	规定每日使用时间限制	设置固定时间使用设备，并介绍其他活动，如阅读或户外运动，作为屏幕时间的替代	孩子理解时间管理，平衡线上与线下活动
玩具乱丢	玩具使用后需整理归位	教孩子如何整理玩具，并参与他们的整理过程，设立奖励机制	孩子学会负责任和维护家庭环境整洁
用餐时玩食物	不允许玩食物，需认真用餐	说明食物的重要性，提供适量的健康食物，并在用餐时限制娱乐活动	孩子养成良好饮食习惯，尊重食物

续表

儿童行为界限与引导规划表			
常见情景	设定界限	提供策略	教育目的
公共场合大声喧哗	公共场合需保持安静	通过角色扮演教育孩子公共场合的行为规范,并解释为何需要保持安静	孩子学会在不同环境中适当控制自己的行为
等待时不耐烦	学会耐心等待	通过游戏或故事教育孩子理解等待的重要性,并练习等待的技巧	孩子增强耐心,学会尊重他人的时间
与兄弟姐妹争抢玩具	分享和轮流使用	引导孩子学习分享,制定轮流使用的规则,并监督执行	孩子学会分享和公平交往,社交技能提升
睡前不愿关灯睡觉	固定睡眠时间	建立睡前例行程序,如阅读故事或听轻柔音乐,帮助孩子放松	孩子形成规律的睡眠习惯,了解保持健康生活方式的重要性

场景 9：不愿意帮忙做家务

> 吃完饭就玩游戏，快过来收拾桌子！

场景分析

孩子不愿意参与饭后的收拾工作，通常反映出以下几个可能的问题。首先，这可能是孩子对家务劳动的价值和重要性缺乏认识。他们可能还没有意识到，家庭成员之间共享责任和劳动是维护家庭环境和谐与秩序的基础。其次，孩子可能觉得这些任务乏味或者困难，尤其是当他们没有看到直接的回报或者感受到参与的乐趣时。此外，孩子的逃避行为也可能是因为他们习惯了父母或其他家庭成员代替他们完成这些任务。

面对这一挑战，父母可以采取一些策略来激励孩子参与家务。首先，家长通过示范的方式进行家务劳动，向孩子展示家庭成员共同分担责任的价值。其次，可以将家务活动设计得更有趣味性，例如让孩子通过游戏化的方式来完成任务，或者设定奖励机制鼓励孩子参与。

正反话术

- ❌ "你怎么这么懒,连碗都不愿意洗!"
- ✅ "洗碗是件简单的事,做完后你就可以无忧无虑地去玩了。"

- ❌ "看看人家的孩子,多乐意帮忙做家务。"
- ✅ "帮忙做家务是成长的一部分,你也可以做到,一点一点来,好吗?"

- ❌ "每次吃完饭就知道玩,家里的活都要我做吗?"
- ✅ "吃完饭后帮忙清理,这样既能让家里整洁,也能让你有时间做其他想做的事。"

- ❌ "你不帮忙收拾,以后就别想吃我做的饭了。"
- ✅ "收拾好桌子,下次吃饭时桌子就会干干净净的,是不是?"

- ❌ "怎么每次叫你做点事都有那么多借口?"
- ✅ "做事找借口不如找方法,我们来想想怎么把事情做完吧。"

- ❌ "我在你这个年纪，已经会做很多家务了。"
- ✅ "学习做家务是要一步步来的，从小事做起，慢慢就能做更多了。"

- ❌ "你这样怎么能独立生活呢？总依赖别人不好。"
- ✅ "你肯定能做一个独立的孩子，独立生活可以从小事做起，比如咱们先洗碗。"

- ❌ "不收拾就不准离开餐桌。"
- ✅ "把餐桌收拾干净，这样下次吃饭就会更愉快，我们来一起做，很快的，好吗？"

- ❌ "你要是再这样，就要受惩罚了。"
- ✅ "做家务是每个家庭成员的事哦，做好它，才能享受更多的乐趣。"

- ❌ "别以为逃得了，这些活你迟早要干。"
- ✅ "把家务做完，我们就可以一起享受休闲时间啦。"

行动锦囊

分龄分配家务并进行技能培养指导

◆ **技能培养内容**：

1. **适龄家务分配**：确保孩子承担的家务符合他们的年龄和能力，促进孩子的责任感和自信心的培养。

2. **技能与责任教育**：通过参与家务，孩子学习实用的生活技能，同时理解作为家庭成员的责任。

3. **家庭互动增强**：家务活动提供了家长与孩子互动的机会，增进沟通，促进家庭成员间的关系和谐。

◆ **注意事项**：

以下家务活建议清单和指导应根据孩子的具体能力和家庭环境进行适当调整。安全总是第一位，年幼的孩子应在家长的监督下完成家务活，应逐步培养孩子的独立性。

分龄家务责任清单与技能培养指导		
年龄段	家务活建议清单	家务活指导
2~3岁	收拾玩具、把脏衣物放入洗衣篮、饭前摆放餐具（塑料制品）	从选择孩子最喜欢的玩具开始，引导他们将玩具放回原处。向孩子展示如何将衣物放入洗衣篮。教孩子如何在饭桌上摆放餐具
4~5岁	饭前摆放餐具、清理饭桌上的碎屑、把洗好的衣物分类放入衣柜	教孩子如何正确摆放餐具。教孩子使用小扫帚或抹布清理桌面。向孩子展示衣物分类和折叠的基本方法

分龄家务责任清单与技能培养指导

年龄段	家务活建议清单	家务活指导
6~7岁	帮助准备餐点（洗菜、打蛋等）、饭后清理厨房、整理自己的床铺	指导孩子如何安全地洗菜和打蛋，监督他们使用刀具。教孩子如何用海绵或抹布清理厨房。向孩子展示整理床铺的步骤
8~10岁	负责倒垃圾、清洁浴室表面、简单洗衣（如使用洗衣机）、做简单的餐点	教孩子如何使用垃圾袋及倒垃圾时的安全注意事项。向孩子介绍清洁剂的正确使用方法和浴室清洁技巧。指导孩子如何使用洗衣机。教孩子做简单的三明治或煎蛋
11~13岁	负责每周家庭大扫除、独立洗衣（包括烘干、叠衣）、定期打扫自己的房间、学会做更多样式的餐点	规划家庭大扫除任务，分配给孩子特定的清洁区域。教孩子洗衣全过程，包括衣物分类、使用烘干机和叠衣服。鼓励孩子定期打扫自己的房间。教他们做更多样式的餐点
14岁以上	深度清洁（如吸尘、擦窗户）、独立购物和准备家庭餐、管理个人财务（如零花钱管理）、参与家庭决策	教授孩子使用吸尘器、清洁剂和擦窗户的技巧。让孩子参与家庭餐的规划、购买和准备过程。引导孩子学习基本的财务管理技能，如记账和预算规划。让孩子参与家庭决策，培养他们的责任感和决策能力

场景 10：晚上不敢自己上厕所

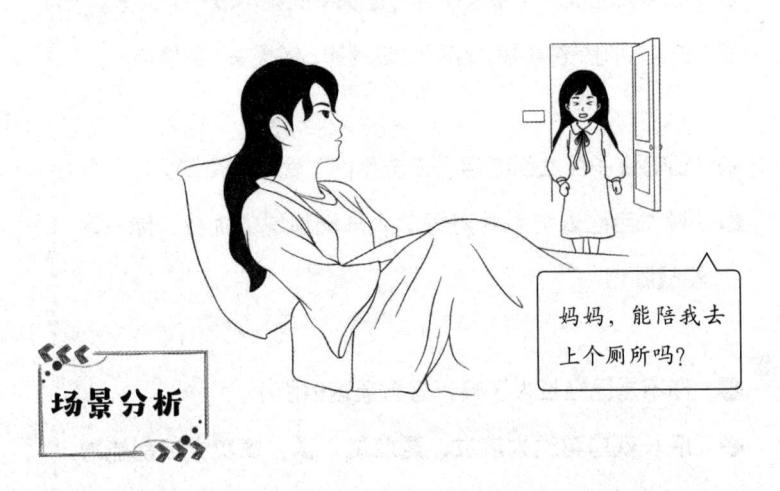

> 妈妈，能陪我去上个厕所吗？

场景分析

孩子晚上害怕独自上洗手间，可能是由于对黑暗、孤独或想象中的怪物感到恐惧，通常发生在 3~10 岁的儿童中。这表明孩子在培养自我安慰和独立性方面需要帮助。为了帮助孩子克服这种恐惧，家长可以采取以下措施。首先，通过安装夜灯、清除走道障碍物、提供安抚物品等手段，为孩子创造一个安全的夜间环境。其次，逐步增加孩子独立上洗手间的次数，从陪伴到站在门口再到完全独立，并在孩子独立完成任务时给予积极反馈和奖励，帮助孩子逐步适应。此外，家长应与孩子交谈，了解并解决他们的恐惧，讲述勇敢的故事提供心理支持，并进行安全教育。同时，通过让孩子完成日常小任务逐步建立自信心，以进行渐进式独立训练。最后，确保孩子有规律的作息时间，特别是睡前的放松习惯，父母应保持平静，用平和语气安慰孩子，避免过度反应加剧孩子的恐惧。

正反话术

- ❌ "你怎么还像个小宝宝一样,连洗手间都不敢一个人去。"
- ✅ "去洗手间是件小事,你可以做到的,慢慢来,相信自己。"

- ❌ "别的孩子晚上都能自己去洗手间,就你还需要人陪。"
- ✅ "晚上自己去洗手间对每个人来说都是个挑战,你一定能战胜它。"

- ❌ "你不是已经长大了吗?怎么还这么胆小。"
- ✅ "成长就是勇气大爆发,勇敢试一试,每次尝试都能增加勇气值哦。"

- ❌ "你就不能勇敢一点吗?你什么时候才能学会独立?"
- ✅ "每次你尝试独立做一件事,你就更勇敢一点了。"

- ❌ "每次都要大人陪,真是麻烦。"
- ✅ "我理解你可能会感到害怕,但独立去洗手间是成长的一部分,你一定能够做到。"

- ❌ "你这样让大家都很不方便,知道吗?"

- ✅ "我知道晚上去洗手间可能会让你感到不安，先试试自己走一小段，好不好？"

- ❌ "别再这样依赖大人了，你不是说要做个勇士吗，那就得学会自己面对。"
- ✅ "成为勇士就是要面临小挑战，比如晚上自己去洗手间，你准备好了吗？"

- ❌ "你再这样，我就要生气了。"
- ✅ "每一点点尝试都是进步，爸爸／妈妈一直在你身后，加油！"

- ❌ "晚上自己去洗手间有什么大不了的，别无理取闹了。"
- ✅ "晚上自己去洗手间是个挑战，但你一定能克服它。试试看，你能行！"

- ❌ "你总是这样害怕，长大以后怎么办？"
- ✅ "害怕是很正常的，每个人都会有害怕，慢慢来我们迟早能克服它。"

行动锦囊

家长与孩子共同制订儿童自信与独立训练计划表

为了帮助孩子建立自信心并克服晚上独自上洗手间的害怕与焦虑,家长可以制订一份"成长小勇士"日常小任务表,从简单到复杂,逐步培养孩子的独立性。通过完成这些日常小任务,孩子不仅能够逐步建立起自信心,还能够学会独立和自我管理,最终克服晚上独自上洗手间的焦虑。重要的是,家长需要耐心引导,给予孩子足够的支持和鼓励。

儿童自信与独立训练计划表		
项目	任务	目的
初级任务:建立基础自信	自己整理床铺	鼓励孩子每天早晨自己整理床铺,这是培养其责任感的第一步
	选择穿什么衣服	让孩子根据自己的喜好选择衣服,培养其决策能力
	收拾玩具	玩耍后,自己收拾玩具,培养孩子物归原处的习惯
	饭前摆放餐具	让孩子参与晚餐前的准备工作,如摆放筷子和勺子
	独自完成洗澡	孩子尝试在家长在场的情况下独自洗澡

续表

儿童自信与独立训练计划表

项目	任务	目的
中级任务：增加自主性	准备第二天的物品	晚上让孩子独立准备第二天上学所需的物品，培养其行为的计划性
	简短的独处时间	安排孩子在家长附近，但在视线之外进行活动，如阅读或拼图
	学习使用家电	在家长的指导下，孩子学习如何安全使用洗衣机或洗碗机等简单家电
	独自阅读	孩子在家长指定的时间内独自阅读书籍
高级任务：培养独立解决问题的能力	独立完成早餐	孩子自己准备简单的早餐，如泡麦片或准备吐司
	独立完成作业	在家长的监督下，让孩子自己完成家庭作业，培养其独立学习能力
	参与家务	让孩子参与一些简单的家务，如擦窗或扫地，培养其责任感

◆**家长的辅助策略**：

1. 鼓励与表扬：每当孩子完成一个任务，家长给予积极的反馈和表扬，增强他们的成就感。

2. 共同参与：在孩子进行任务时，家长可以一起参与，提供必要的帮助和指导。

3. 逐步推进：不要急于求成，根据孩子的适应情况逐步增加任务难度。

4. 建立例行公事：让孩子在固定的时间完成特定的任务，形成稳定的日常规律。

第三章
人际社交，困难重重

场景1：在学校被同学孤立

> 都别和她玩，知道吗？

场景分析

　　孩子在学校被孤立可能是因为他们害羞或担心被拒绝，这会让他们感到伤心。家长可以通过多与孩子沟通了解他们的感受，并给予支持和鼓励。和同龄人一起玩游戏可以帮助孩子学习如何与人交往。同时，家长应该与老师沟通，看看学校可以提供哪些帮助。鼓励孩子先尝试与一两位同学建立友谊，再逐步扩大社交圈。每当孩子尝试交朋友或参与社交活动时，不管结果如何，都要表扬他们的努力和勇气。通过这些简单的方法，可以帮助孩子在学校感到更快乐，逐渐交到朋友。

正反话术

❌ "你怎么就和别人玩不到一块去?"
✅ "每个人都可能有不同的兴趣爱好,这很正常。让我们找到适合你的玩伴。"

❌ "是不是你做了什么让别人不喜欢的事?"
✅ "孩子,人与人之间总会有一些误会,我们可以想想如何化解。"

❌ "你不可以试着去改变自己来适应他们吗?"
✅ "每个人都是独特的,这很棒!但或许我们可以找到更合适的交往方式。"

❌ "别总是一个人玩,你看看人家,都是一群朋友在一起。"
✅ "有时候一个人玩也是很好的,但和别人一起玩,能体会到不一样的乐趣。"

❌ "你傻站着干吗?这样子不会有朋友的,你得主动一点。"
✅ "你可以试着主动与别人打招呼,或者邀请他们一起玩。我相信你一定能交到新朋友的。"

❌ "你不去尝试怎么知道不行？别总是那么被动。"
✅ "尝试新事物会给你带来不一样的乐趣，不如我们一起探索新的方式来结交朋友怎么样？"

❌ "你是不是在学校太害羞了？这样很难交到朋友的。"
✅ "每个人都有不同的性格特点，害羞也是很正常的。我们可以找找适合你的交友方式。"

❌ "你得学会怎么跟别人好好相处，不然谁都不愿意和你一起玩。"
✅ "对于内向的孩子，与人相处的确不容易，你愿意听听爸爸／妈妈的建议吗？"

❌ "你应该更加努力融入他们，而不是等着别人来找你。"
✅ "做真实的自己，不为了迎合他人而改变这很好。当然，我们也可以试着探索如何保持真正的友谊。"

❌ "你这样不努力交朋友，以后会越来越孤单的。"
✅ "交朋友是一个渐进的过程，不要着急。"

行动锦囊

进行儿童基础社交技能练习

以下是一份儿童基础社交技能练习表,家长可以根据孩子的实际情况参照使用,教给孩子各种社交技能,帮助他们在不同的社交场合中表现得更加自信和得体。重要的是,可以参照表中的"练习方式",为孩子提供实践这些技能的机会,让孩子通过具体的活动和练习来提高自己的社交能力。

在练习的过程中,家长要提供一个支持性环境,时刻关注并鼓励孩子在互动中不断尝试。

儿童基础社交技能练习表

社交技能	练习目的	练习方式	适用场景
自我介绍	建立初步联系,开始对话	角色扮演,家长或老师模拟不同人物,让孩子练习介绍自己	入学新生介绍、邻里间的问候、社交活动初识
倾听与理解	学会尊重他人,获取信息	通过讲故事,让孩子重复故事要点,展示倾听的重要性	日常对话、课堂讨论、小组活动
轮流交谈	学会等待,尊重对话中的其他人	实践对话,确保每个人都有机会发言	家庭聚会、朋友聚餐、课堂讨论

续表

儿童基础社交技能练习表			
社交技能	练习目的	练习方式	适用场景
表达尊重	培养礼貌的行为,促进和谐社交关系	教授基本礼貌用语,如"请""谢谢""对不起"	日常互动、请求帮助、道歉
表达感受	能够清晰表达个人情感,促进相互理解	情感卡片游戏,让孩子描述卡片上的情感词汇,然后分享自己的类似经历	与朋友或家人的深入对话、解决冲突
解决冲突	学会和平解决分歧,保持友谊	通过小组活动模拟冲突场景,讨论和平解决方案	与同伴争执、意见不合
同理心	理解他人的感受,建立深层次的人际关系	讨论不同情境下他人可能的感受,鼓励从他人的视角思考	日常互动、看到同学伤心或生气
身体语言	通过非语言信号更有效地沟通	观察和模拟不同的身体语言,理解其含义	学校演讲、社交活动、面试
友谊的建立与维护	学会如何建立和维护长久的友谊	讨论友谊的重要性,分享建立友谊的策略	学校、社区活动、兴趣小组

续表

儿童基础社交技能练习表

社交技能	练习目的	练习方式	适用场景
拒绝与设定界限	学会如何礼貌地说"不",维护自己的权益	练习拒绝的技巧,如温和坚定地表达自己的立场	面对不合理要求、过度的压力
在线社交礼仪	学习在网络环境中如何行事	讨论网络安全规则,教导孩子在线交流应采取的适当方式	社交媒体、网络游戏、在线学习
公共场合的行为规范	学会在公共场合表现出适当的行为	通过外出活动,实地教导孩子公共场合的行为准则	电影院、图书馆、博物馆、公共交通工具等

场景2：不懂拒绝他人的无理请求

场景分析

孩子不懂拒绝可能是因自信不足、怕冲突、缺乏该方面的家庭教育或情感处理能力较弱。家长可通过以下方法帮助孩子学会拒绝。首先，增强自信，让孩子认识到自己的价值，用角色扮演教会其礼貌拒绝的方式。其次，家长给孩子做榜样，教孩子设立界限，管理情感，理解拒绝他人的感受。再次，帮孩子抵抗同伴的压力，鼓励其独立思考，评估请求合理性。最后，给孩子持续支持，教其问题解决技巧，如提出替代方案。同时，日常赞扬孩子的自主性，探讨拒绝的正面效果，减轻内疚感。

正反话术

❌ "你总是这样答应别人,一点都没有自己的主见。"
✅ "有自己的主见很重要,但也要学会灵活变通。"

❌ "别人让你做什么你就做什么,你得学会说'不'。"
✅ "学会拒绝是成长的一部分,我们可以一起练习如何委婉地表达自己的想法。"

❌ "你这么容易被别人影响,以后怎么独立?"
✅ "被他人影响并不意味着失去独立性。我们不妨探索一下如何在与他人互动时保持自己的独立性。"

❌ "你不应该总是感觉委屈,应该早点学会拒绝。"
✅ "感受到委屈是正常的,但我们也可以学会如何坚定地表达自己的需求和意见。"

❌ "你看,你又让别人利用了,什么时候你才能长大?"
✅ "每个人成长的速度都不同,重要的是在成长过程中获得经验。"

❌ "你这样软弱,别人怎么尊重你?"

- ✓ "亲爱的孩子，关于如何在与他人互动中保持自信和坚定，爸爸／妈妈想说说自己的看法。"

- ✗ "你要是不学会拒绝，人家总会把你当软柿子捏。"
- ✓ "学会拒绝是保护自己的一种方式。"

- ✗ "你怎么这么不会保护自己？"
- ✓ "学会保护自己很重要，不然爸爸／妈妈不在你身边，会很担心你。"

- ✗ "你不能这么天真，要学会保护自己。"
- ✓ "天真是一种美好的品质，但在保持纯真的同时，我们还要懂得保护自己。"

- ✗ "总是让步不是好事，你要学会坚定自己的立场。"
- ✓ "坚定自己的立场很重要，但也要学会妥协和适度地让步。我们可以一起思考如何平衡这两者。"

行动锦囊

8种常见场景的角色扮演练习

◆ 角色扮演说明:

1. 准备阶段:家长与孩子一起讨论每个场景,并解释为什么拒绝是重要的。

2. 角色分配:孩子扮演需要拒绝他人请求的角色,家长扮演提出请求的角色。

3. 模拟对话:进行角色扮演,家长开始提出请求,孩子练习使用拒绝话术。

4. 反馈与讨论:角色扮演结束后,家长给予孩子积极的反馈,并讨论可以改进的地方。

5. 练习:多次练习,直到孩子能够自然、自信地使用拒绝话术。

角色扮演练习			
场景	家长模拟角色	孩子拒绝话术	拒绝理由
朋友要求孩子尝试吸烟	诱导尝试吸烟的朋友	"吸烟对身体不好,我不想尝试。"	吸烟有害健康
		"我决定不吸烟,这是我的选择。"	个人选择和自主权
		"谢谢你的邀请,但我必须拒绝。"	礼貌拒绝,坚持个人立场

续表

角色扮演练习			
场景	家长模拟角色	孩子拒绝话术	拒绝理由
同学要求孩子帮忙作弊	请求帮助作弊的同学	"作弊是不诚实的行为,我不能这么做。"	诚实和道德原则
		"我觉得我们应该靠自己的能力来考试。"	鼓励自主和公平竞争
		"如果我帮你作弊,我和你都会陷入麻烦。"	避免负面后果和责任
朋友邀请孩子参与欺凌行为	邀请参与欺凌的朋友	"欺凌是不好的行为,我不能参与。"	反对欺凌和暴力
		"我们应该尊重每个人,我们没有权利伤害他们。"	尊重和同情
		"不要再找我做了,再这样我会告诉老师整件事,因为欺凌是错误的。"	报告不当行为,维护正义
同学要求孩子分享个人信息	请求分享个人信息的同学	"我不能分享我的个人信息,这关乎我的隐私安全。"	保护个人隐私和安全

续表

角色扮演练习			
场景	家长模拟角色	孩子拒绝话术	拒绝理由
同学要求孩子分享个人信息	请求分享个人信息的同学	"对不起,我需要保护我的隐私。没有家长的同意,我不会告诉任何人。"	强调隐私权、强调家长知情权
		"分享个人信息是危险的,我不能这么做。"	信息泄露的风险意识
朋友邀请孩子参与危险游戏	邀请参与危险游戏的朋友	"这个游戏太危险了,我不想参与。"	个人安全摆在首位
		"如果这次不参与你以后就不跟我玩,那就算了,我只愿意玩一些安全的游戏。"	不接受友情绑架,选择安全的活动
		"对不起,我担心这个游戏会导致伤害,所以我拒绝。"	预防潜在的身体伤害
同学要求孩子违反校规	请求违反校规的同学	"违反校规不是好主意,我不能这么做。"	坚持原则,遵守规章制度
		"我们应该遵守校规,让老师知道了可不好。"	强调规则的重要性与老师知悉的后果

续表

角色扮演练习

场景	家长模拟角色	孩子拒绝话术	拒绝理由
同学要求孩子违反校规	请求违反校规的同学	"我不想因为违反规则而受到惩罚。"	避免惩罚和受到负面影响
朋友要求孩子一起去吃不健康的食物	邀请一起吃不健康食物的朋友	"我最近肠胃不够好,正在努力吃得健康,所以我不能吃这个。"	委婉拒绝,保持健康饮食习惯
		"谢谢,我从小就不爱吃×××,我选择吃更健康一些的食物。"	个人健康选择
		"我担心这对我的胃不好,所以我就不去吃了。"	健康和预防意识
同学要求孩子参与网络暴力他人	邀请参与网络暴力他人的同学	"网络欺凌是伤害人的行为,我不能参与。"	明确主张,反对网络暴力和欺凌
		"我们应该用网络来做一些积极的事情,而不是伤害别人。"	提倡正面使用网络

续表

场景	家长模拟角色	孩子拒绝话术	拒绝理由
同学要求孩子参与网络暴力他人	邀请参与网络暴力他人的同学	"不要叫我做了,你也别去做。再这样我就会举报这种行为,因为它害人又害己,是错误的。"	责任感和正义感

场景 3：不好意思要回自己的东西

> 唉！玩具落在同学家了，我该怎么要回来呢？

场景分析

孩子心爱的玩具遗忘在了朋友家，可能因为害羞或担心被拒绝而不敢索回，这反映了孩子在社交互动中的犹豫和缺乏自信。面对这种情况，家长可以采取一些策略来帮助孩子克服难题。首先，鼓励孩子勇敢表达自己的真实想法，告诉他们表达个人需求是正常且健康的行为，并教导他们如何礼貌自信地提出要求。其次，通过角色扮演的方式，帮助孩子预演如何向朋友或其家长表达想要回玩具的意愿，这样可以减少他们实际行动时的焦虑。此外，家长还可以向孩子提供一些简单的话术模板，帮助他们构建请求的话语，例如：

"我不小心把玩具遗忘在你家了,我可以来取回吗?"或者"我的玩具遗落在你家了,麻烦你帮我收好,我想晚上和爸爸/妈妈一起过去取。"最后,强调理解和尊重的重要性,让孩子知道朋友和家长通常会理解并乐于帮助,不会因为一个简单的请求而改变对他的看法。通过这些方法,孩子不仅能学会如何恰当地表达自己的需求,还能提升社交技能和增强自信心。

正反话术

- ❌ "你怎么这么胆小？就这么点事也不敢说。"
- ✅ "每个人都有自己的恐惧，这很正常。"

- ❌ "你不会自己说吗？总需要别人帮忙。"
- ✅ "请求帮助确实需要勇气，我们可以多学习如何在需要时正确地寻求支持。"

- ❌ "别这么依赖我们，自己的事情自己解决。"
- ✅ "我们会一直支持你，但也鼓励你学会独立解决问题。"

- ❌ "你这样害羞，以后怎么独立？"
- ✅ "孩子，我能理解你的害羞，让爸爸／妈妈和你一起探索如何在保持内心独立的同时与他人交流。"

- ❌ "你不说，别人怎么知道你想要回什么？"
- ✅ "沟通是双向的，有时别人可能需要我们主动表达。"

- ❌ "你这么不会开口，朋友都不会真正了解你。"
- ✅ "与人沟通需要勇气，也需要时间，但爸爸／妈妈相信你能做到。"

❌ "别这么犹豫,要学会对自己的事情负责。"
✅ "做出决定需要谨慎考虑,也要学会在决策后承担责任。"

❌ "你这样总不敢说,会失去很多机会的。"
✅ "尝试表达自己是很重要的,这样别人才能更了解你。"

❌ "你必须自己说出来,我们不会总在你身边。"
✅ "独立思考并表达自己的想法是非常重要的一件事,爸爸／妈妈相信你可以做到。"

❌ "这么简单的事都要我们教你怎么做吗?"
✅ "学习新事物是一个过程,我愿意多给你一些时间。"

行动锦囊

进行儿童勇敢表达话术练习

这套练习旨在帮助儿童在不同的请求场景中,勇敢并恰当地表达自己的需求和愿望,同时提供表达的依据和理由,以增强表达的合理性和有效性。

◆ **勇敢表达内心想法的依凭说明:**

1. 自我认知:清楚自己的需求和愿望,这是勇敢表达的起点。

2. 自信:相信自己的请求是合理且有价值的,这有助于增强表达的力度。

3. 尊重他人:在提出请求时,考虑到他人的感受和立场,以礼貌和尊重的方式表达。

4. 清晰沟通:使用清晰、简洁的语言来表达自己的请求,避免模糊不清或过于复杂。

5. 积极态度:即使面临拒绝,也应保持积极的态度,从中学习并寻找其他可能的解决方案。

6. 坚持:如果第一次请求没有成功,则应根据情况考虑是否需要再次尝试或寻找替代方案。

7. 情感表达:在适当的时候,表达自己的情感,如对某项活动的热情或对某个机会的渴望。

儿童勇敢表达话术练习

常见场景	请求话术模板	勇敢表达的依凭
请求参加兴趣小组	"我真的很喜欢绘画,我可以加入绘画小组吗?"	表达个人兴趣和爱好,展现参与热情
请求更多时间完成作业	"我需要更多时间来完成这项作业,可以延期吗?"	诚实反映作业难度,寻求合理延期
请求老师解释难点	"这个数学问题我不太懂,您能再解释一下吗?"	承认不懂的地方,寻求帮助以促进理解
请求父母购买学习资料	"为了提高我的英语水平,我想买这本词典,可以吗?"	说明学习需求,展示学习主动性
请求朋友分享玩具	"我们能轮流玩这个玩具吗?我也想尝试一下。"	表达分享的愿望,促进公平和友谊
请求参与决策过程	"关于周末的活动,我也有一些想法,可以说吗?"	表达参与家庭决策的意愿,促进家庭沟通
请求老师提供额外帮助	"我在科学项目上遇到了一些困难,可以额外辅导我吗?"	明确指出需要帮助的地方,寻求专业指导

儿童勇敢表达话术练习		
常见场景	请求话术模板	勇敢表达的依凭
请求父母允许参加朋友聚会	"我的朋友邀请我参加生日聚会,您觉得我可以去吗?"	表达对社交活动的渴望,征求父母意见
请求老师调整座位	"我坐在后排有点听不清,可以帮我调到前面一点吗?"	关注学习效果,请求改善学习条件
请求加入学校运动队	"我很喜欢足球,我可以加入校队吗?"	展示个人特长和对运动的热爱,争取机会

场景4：和朋友争吵后不会道歉

> 我该怎么和他道歉呢？

场景分析

孩子和好朋友因小事争吵后，可能会感到困惑和不安，不知道如何修复关系。这时，家长可以引导孩子学习解决冲突和维护人际关系的技能。首先，鼓励孩子冷静下来，反思争吵的原因，理解自己的情绪和责任。接着，教孩子如何与朋友沟通，表达想要和解的意愿，同时倾听对方的感受，不打断，尝试理解对方的立场。引导孩子用"I"语句非指责地表达自己的感受，如"我感到……"然后一起找解决方案，达成共识。找到解决方法后，鼓励孩子通过行动，如一起玩耍或送小礼物来修复关系。最后，将这次经历作为学习机会，讨论得到的教训。家长和老师应持续提供支持，帮助孩子提升社交技能，这对他们未来的成长非常重要。通过这些步骤，孩子不仅能学会解决矛盾，还能掌握重要的社交和情感技能。

正反话术

- ❌ "你怎么就不能控制自己的脾气呢？"
- ✅ "情绪控制是一种能力，爸爸／妈妈相信你一定有这个能力，对不对？"

- ❌ "你看，你又把朋友弄生气了。"
- ✅ "我们可以一起思考如何处理这种情况，修复与朋友的关系。"

- ❌ "每次都这样，你就不能注意点吗？"
- ✅ "爸爸／妈妈知道你不是有意的，你的朋友也会知道的。"

- ❌ "你这样做只会让你的朋友离你远去。"
- ✅ "你愿不愿意和爸爸／妈妈一起聊聊如何改善自己的行为，以保持与朋友的良好关系？"

- ❌ "为什么每次争吵都由你开始？"
- ✅ "避免争吵需要双方共同努力，我相信一定有更有效的沟通方式，对吗？"

- ❌ "你要是再这样下去，很快就没朋友了。"

- ✅ "每个人都会犯错，但我们可以一起学习如何从错误中吸取经验，避免伤害到友情。"

- ❌ "你必须改改你这爱争吵的毛病。"
- ✅ "爱争吵并不利于维护友谊，爸爸／妈妈相信你肯定懂得如何更好地处理冲突。"

- ❌ "你不能总是等别人来哄你。"
- ✅ "学会自我安慰和调节情绪是很重要的。"

- ❌ "你这样子怎么能保持有朋友？"
- ✅ "我们可以一起探讨如何建立健康的人际关系，以保持长久的友谊。"

- ❌ "你应该知道，你这种行为是很让人讨厌的。"
- ✅ "了解并掌控自己的行为和情绪，我们才能更好地成长。"

行动锦囊

儿童冲突解决与社交技能培养

通过分享与合作意识、规则意识与公平性、情绪表达与自我调节、团队合作与角色认知、时间管理与互助精神、耐心培养与秩序意识、沟通技巧与信任建立、尊重差异与协商能力等 8 个方向的教育和培养,孩子不仅能学习解决冲突的技巧,还能在更广泛的社会交往中掌握必要的生活技能。

儿童冲突解决与社交技能培养指南				
冲突场景	冲突本质	解决技巧	具体操作	培养方向
玩具争抢	资源分配不均	使用轮流分享的方法,或寻找其他替代玩具	提议建立分享规则	分享与合作意识
游戏规则争议	对规则理解不一致	重新审视游戏规则,确保双方都清楚	让第三方(如老师或家长)协助解释	规则意识与公平性
言语争执	意见不合或误解	使用"I"语句表达感受,避免指责对方	学习情绪管理技巧	情绪表达与自我调节

续表

冲突场景	冲突本质	解决技巧	具体操作	培养方向
团队活动中的角色分配	角色期望不一致	讨论各自的兴趣和强项,公平分配角色	尝试角色互换体验	团队合作与角色认知
作业帮助请求	个人时间与帮助他人的平衡	评估自己的时间,提供适量帮助或建议使用其他资源	学习时间管理技巧	时间管理与互助精神
排队等候时的推挤	等待耐心不足	练习耐心,理解排队的重要性	引入轮流和等待的概念	耐心培养与秩序意识
朋友间的误解	沟通不畅或信息传递错误	主动澄清误解,开放地交流感受	学习有效沟通技巧	沟通技巧与信任建立
选择食物时的偏好冲突	个人口味或偏好差异	尝试妥协,找到双方都能接受的食物选项	理解多样性和包容性	尊重差异与协商能力

场景5：玩耍的时候总要自己说了算

> 凭什么？明明是我赢了。

> 这局不算，我没看清，重来重来！

场景分析

孩子在游戏中总想控制规则，可能会导致与伙伴的争执，这反映出孩子可能存在一些社交互动上的问题。这种行为可能源自孩子深层的心理和情感需求，比如缺乏安全感或自信心，害怕失败，或者对同伴的评价过于敏感。此外，孩子可能缺乏社交和沟通技巧，这让他们难以在团队中协作或表达自己的想法。家庭环境和成人的行为模式也会对孩子产生影响，孩子可能会模仿家庭中的权威性或竞争性互动。还可能是孩子有强烈的竞争心态和对个人成就感的追求，让他们总是想要控制局面以确保胜利。

为了帮助孩子改善与伙伴的互动情况，家长可以采取以下策略。首先，与孩子讨论合作的重要性，强调每个人意见的价值。其次，通过角色扮演游戏，让孩子体验不同的角色，理解领导者和追随者的感受。再次，教育孩子轮流控制规则，强调公平性的重要性。此外，引导孩子学习解决冲突的策略，比如用"我感觉"语句表达自己，而不是命令别人。最后，鼓励孩子接受游戏的输赢，重视游戏的乐趣和学习过程，而不只是结果。

通过这些方法，孩子可以学习如何更好地与他人合作，同时培养他们的社交技能和挖掘他们的领导潜质。

正反话术

- ❌ "你这样总想控制一切,别人会不喜欢和你玩的。"
- ✅ "孩子,你定的游戏规则很好,但大家一起决定,游戏才公平,对吗?"

- ❌ "为什么你不能像其他孩子一样玩游戏?"
- ✅ "玩游戏时,大家都能提想法。我们轮流来,这样每个人都有机会,大家都开心。"

- ❌ "你总是要控制游戏规则,这很自私。"
- ✅ "你出个主意,别人也出一个,大家都参与,这样玩更有趣,试试看。"

- ❌ "别人也有好主意,你为什么总不听?"
- ✅ "游戏里,有时带头,有时跟着别人,这样轮流做,能学到更多东西。"

- ❌ "你这样下去会没有朋友的。"
- ✅ "大家想法不一样,我们就商量,找大家都喜欢的解决办法,这也是玩游戏的乐趣之一。"

- ❌ "总是争吵，没人会想要跟你一起玩。"
- ✅ "游戏里，大家互相谦让，这样玩得更开心，我们试试看。"

- ❌ "你不能老是按你的方式来，要学会妥协。"
- ✅ "游戏不光是为了赢，大家都高兴、有收获，这样玩才好。"

- ❌ "你这么固执，别人怎么能和你合作？"
- ✅ "试试别人的玩法，也是一种学习途径，这样你能学到更多、变得更聪明。"

- ❌ "你必须改变你总想控制一切的习惯。"
- ✅ "你喜欢带头玩，很好。也看看别人怎么带，这样能学到新东西。"

- ❌ "如果你不能更好地与人合作，以后会很难融入团队。"
- ✅ "和他人一起完成游戏是一件有趣的事。让我们来体会一下合作带来的乐趣吧！"

行动锦囊

亲子互动：开展公平活动

这是专为家长和孩子设计的一系列亲子活动，旨在创设公平和有趣的家庭文化，同时教给孩子轮流、让步和公平的概念。通过这些活动，不仅有助于家长和孩子建立亲密的关系，孩子还能在实践中体验领导者与追随者的角色，增进对不同角色的理解、同理心和情感沟通，同时，也能在家庭环境中学习到重要的社交技能。

亲子互动中的公平活动		
活动名称	活动描述	学习目标
家庭故事圈	家庭成员围坐一圈，轮流添加故事的一个情节	培养孩子的想象力和轮流分享的技能
合作烹饪	家长和孩子一起准备晚餐，分配不同的任务	让孩子懂得团队合作和共同完成任务的重要性
角色交换日	家长和孩子互换角色一天，体验对方的日常活动	增强家长与孩子的相互理解，增强孩子的尊重意识、同理心
家庭游戏夜	定期举行家庭游戏夜，确保游戏规则公平，每人都有机会赢	强调公平竞争，让孩子懂得接受输赢，享受游戏乐趣

续表

亲子互动中的公平活动		
活动名称	活动描述	学习目标
决策圆桌	家庭决策时,比如周末计划,让孩子们参与,轮流提出建议	培养孩子的决策能力和学会考虑他人的意见
共享玩具箱	设立一个家庭玩具箱,孩子们必须学会分享和轮流玩玩具	让孩子学习分享与轮流的重要性,体验合作的乐趣
家庭艺术展	家长和孩子合作创作艺术品,每个人贡献自己的想法	教会孩子合作和理解每个人对作品的独特贡献
轮流领导者游戏	在家庭活动中,比如野餐或电影之夜,轮流让孩子担任"领导者"	让孩子体验领导与被领导的角色,学习适应和尊重
家庭会议	定期举行家庭会议,讨论家庭规则和决策,鼓励孩子表达意见	让孩子学习让步和妥协,理解公平讨论的价值
情感表达时间	每天设定一段时间,家长和孩子交流彼此的感受和需求	增进家长与孩子的情感沟通,让孩子学会理解和尊重他人的感受

场景6：不会表达感谢

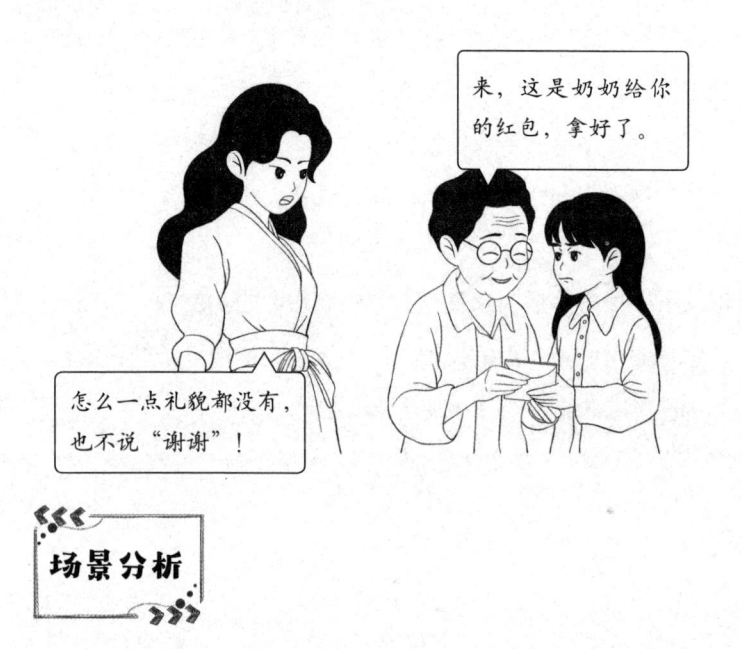

> 来，这是奶奶给你的红包，拿好了。

> 怎么一点礼貌都没有，也不说"谢谢"！

场景分析

如果孩子不懂得如何表达感谢，这可能导致周围的长辈或其他人觉得他缺乏礼貌。这种情况通常不是出于不尊重，而是孩子可能还没有学会如何适当地表达感激之情。掌握表达感谢的能力是社交技能的重要组成部分，对孩子建立积极的人际关系非常重要。

为了帮助孩子学习如何表达感谢，并培养他们的礼貌习惯，可以采用以下方法。

1. 家长和教育者可以通过示范来教育孩子。例如，当孩子看到父母在受到帮助或收到礼物时说"谢谢"，他们就会学习到这是一种礼貌的表达方式。此外，可以直接教孩子在特定情况下如何使用"谢谢"这个词语,解释为什么在接受礼物或帮助后表达感谢是重要的。

2. 家长可以和孩子一起练习表达感谢的情景,如模拟接受礼物或帮助后的场景。这样的练习可以让孩子在安全的环境中熟悉这种交流方式。

3. 让孩子参与写感谢卡或感谢信的活动,尤其是在特定节日或收到礼物后。这不仅是练习书面表达的好机会,也能让孩子理解感谢的深层意义。

运用以上3种方法后,家长还应该强调感谢的重要性,并在孩子成功表达感谢时给予正面的反馈。这种鼓励会增强孩子的自信,并使他们更愿意在未来的交往中使用这一技能。

正反话术

❌ "你怎么这么没有礼貌,连个'谢'字都不会说?"
✅ "表达感谢是一种礼貌和尊重的表现哦。"

❌ "没有人会喜欢一个不懂得感谢的人。"
✅ "感谢是维系人际关系的重要环节,我们可以一起探讨如何更加真诚地表达谢意。"

❌ "你这样做很让人失望,长辈给你东西时你都不说'谢谢'。"
✅ "表达感谢是一种美德,爸爸／妈妈相信你一直有这种美德,对不对?"

❌ "你要是不学会说'谢谢',别人会觉得你很粗鲁。"
✅ "学会感谢是成长的一部分,来,我们聊聊如何自然地表达谢意。"

❌ "你看看人家是怎么做的,你怎么就学不会?"
✅ "每个人都有自己的学习过程,你可以慢慢来。"

❌ "不表达感谢,你以后怎么和人相处?"

- ✅ "学会感谢是与人相处的基础，你也希望更好地跟小伙伴相处对吗？"

- ❌ "你这样会让人觉得你不懂得尊重别人的付出。"
- ✅ "尊重他人的付出是很重要的，让我们想一想，如何更好地表达感激之情。"

- ❌ "你必须改变这种态度，学会对别人的好心表示感谢。"
- ✅ "学会感谢是人格修养的一部分，我们可以一起探讨如何更加自然地表达感激之情。"

- ❌ "不知道感恩的人无法得到别人的尊重。"
- ✅ "感恩之心是值得培养的，懂得感恩的孩子更容易获得别人的喜欢哦。"

- ❌ "你这样很没有教养，我们家不是这样教育孩子的。"
- ✅ "爸爸／妈妈相信你不是没有教养，只是不懂得如何表达，对吗？爸爸／妈妈可以教你。"

行动锦囊

家长和孩子一起做表达感谢的亲子练习

下表中列出的感谢话术简单、真诚,能很好体现孩子的感激之情,适合孩子在不同场合使用。家长可以和孩子一起练习这些话术,帮助他们更自然地表达感谢。通过这些练习,孩子不仅能学会如何表达感谢,还能培养他们的感恩意识和社会交往能力。家长的引导和榜样作用在这一过程中至关重要。

◆ 使用指南:

1. 情景模拟:家长可以模拟表中的情景,让孩子练习使用相应的感谢话术。

2. 角色扮演:家长和孩子可以互换角色,通过角色扮演加深对感谢话术的理解和运用。

3. 日常实践:鼓励孩子在日常生活中对家人、朋友和老师使用这些感谢话术。

4. 感谢日记:引导孩子记录每天想要感谢的人或事,增强其感恩意识。

5. 感谢的延伸:除了言语,还应教育孩子通过行动表达感谢,如帮助他人、写感谢卡等。

亲子练习：表达感谢

情景	感谢话术
收到礼物	"谢谢你的礼物，我真的很喜欢！" "这个礼物太棒了，你怎么知道我喜欢这个的？" "我好开心收到这个礼物，你真是太好了！"
帮助开门	"谢谢你帮我开门，你真贴心！" "每次你帮我开门我都觉得很温暖。" "你帮我开门，让我不用放下那么多东西，真方便！"
借东西	"感谢你借我×××，这对我帮助很大。" "没有你的帮助，我都不知道该怎么办呢，真心感谢！" "你借给我的东西真的很有用，谢谢你的慷慨！"
帮助解决问题	"谢谢你的帮助，我的问题已经解决了。" "你给出的主意太有用了，我都没想到还能这样解决！" "你这么耐心地帮我，我真的很感激。"
倾听烦恼	"谢谢你愿意听我说，我感觉好多了。" "和你聊天让我感到很舒服，谢谢你成为我的好朋友。" "有你这样的朋友真好，感谢你听我倾诉。"
协助家务	"感谢你帮忙做家务，这样我可以更快完成。" "你帮忙做家务，让我轻松多了，真的很感激。" "我们一起做家务，感觉家里都变温馨了，谢谢你的帮忙！"

亲子练习：表达感谢	
情景	感谢话术
鼓励和支持	"谢谢你的鼓励，它给了我很大的动力。" "你的支持对我来说非常重要，谢谢你一直在我身旁。" "每次我需要鼓励时，你总在那里，我真的很感激。"
给予建议	"谢谢你的建议，我会认真考虑的。" "你的建议总是那么中肯，对我帮助很大，真心感谢。" "考虑得这么周到，你的建议对我太有用了，谢谢！"
陪伴玩耍	"和你一起玩真开心，谢谢你的陪伴。" "今天和你一起玩得太高兴了，期待下次再一起玩！" "有你这样的玩伴真好，感谢你带给我这么多快乐！"
老师批改作业	"谢谢老师批改作业，我学到了很多。" "您认真批改的作业让我知道自己哪里做得好，哪里需要改进，非常感谢。" "每次作业的批改都让我收获很大，谢谢老师的辛勤工作。"

场景 7：在集体活动中不敢主动开口

> 你要去运动一下吗？

> 呃……我不想去。

场景分析

孩子在集体活动中表现被动，可能是由于缺乏自信、社交技能不足或对活动缺乏兴趣。他们可能因为害怕失败、担心负面评价或避免冲突而不敢主动参与。如果活动内容与孩子的兴趣不符，或者他们缺少必要的社交和团队技能，也可能影响其积极性。此外，孩子的文化背景和家庭价值观，以及同伴的行为模式，都可能对其行为产生影响。为了帮助孩子更积极地参与集体活动，家长可以采取以下措施。首先，通过与孩子进行开放的对话，了解他们的感受和兴趣，鼓励孩子参与他们感兴趣的活动。其次，通过分解的一个个小步骤，如从一对一或小组活动开始，帮助孩子建立信心，并在家中练习社交技能。此外,家长要以身作则,展示积极参与的行为,并创造一个鼓励尝试和学习的环境。同时,鼓励孩子与同伴建立积极的关系,并设定明确的行为期望,庆祝孩子的努力和成就。通过这些方法,家长可以全面支持孩子,提高其在集体活动中的主动性,同时提供一个充满爱和鼓励的环境,让孩子能够自信地参与。

正反话术

❌ "你怎么总是坐在那里,不参加活动?"
✅ "有时候我们确实需要一点时间来适应新环境或活动。"

❌ "别人都在玩,你为什么不去加入他们?"
✅ "每个人都有自己的节奏和喜好,你愿意聊聊对哪些活动感兴趣吗?"

❌ "你这样不参与,就不会有朋友。"
✅ "参与是建立友谊的一种重要方式哦,它能让你更好地融入集体。"

❌ "你不能总等别人来邀请你,要学会自己主动。"
✅ "学会主动参与,别人才更容易发现你的优点哦。"

❌ "你这样子很难被人注意到,你需要更积极一点。"
✅ "展示自己的积极性可以吸引别人的注意。"

❌ "如果你不表现出兴趣,别人会觉得你不想和他们一起玩。"
✅ "表达兴趣是建立友谊一种很重要的方式呢。"

❌ "你总这么被动,别人怎么知道你想参与?"
✅ "沟通是相互的,我们都需要学习如何更好地表达自己的参与意愿。"

❌ "你得主动一些,不然总会被人忽略。"
✅ "积极主动参与可以让你更容易被人注意到。"

❌ "你这种态度在集体中不会有好表现。"
✅ "积极的人在集体中可是很受欢迎的。"

❌ "如果你继续这样被动,你会错过很多乐趣。"
✅ "学会积极参与可以让你更充实地享受生活,发现更多乐趣。"

行动锦囊

亲子角色扮演：孩子如何主动参与学校活动

通过下列角色扮演练习，孩子可以在安全和积极的家庭环境中学习如何主动参与学校活动，从而在学校中也能更加自信地采取主动行动。

◆ 使用指南：

1. 准备阶段：与孩子讨论每个情景，确保他们理解情景的要求和目标。

2. 角色分配：在角色扮演中，家长可以扮演老师、同学或其他角色，而孩子扮演主动的角色。

3. 模拟对话：进行角色扮演，家长开始引导对话，鼓励孩子主动发言和行动。

4. 反馈与讨论：角色扮演结束后，家长给予孩子积极的反馈，并讨论可以改进的地方。

5. 多次练习：通过不断重复练习，孩子将逐渐习惯主动参与，增强在真实情景中的自信。

学校活动角色扮演练习	
常见情景	角色扮演练习建议
分组讨论	家长和孩子分别扮演小组成员，练习如何主动分享观点和提问
课堂举手发言	模拟课堂环境，鼓励孩子举手并大声说出答案，即使不是完全正确也没关系

续表

常见情景	角色扮演练习建议
体育活动	进行简单的体育活动,如传球游戏,鼓励孩子主动参与和带领游戏
表演机会	练习小型才艺表演,如朗诵或唱歌,让孩子习惯在人前表现自己
值日生工作	模拟值日情景,让孩子练习如何主动承担班级责任,如擦黑板、领读等
集体游戏	通过集体游戏,如抢椅子或猜谜语,鼓励孩子主动参与和领导游戏
学校集会	模拟集会情景,让孩子练习如何主动找到朋友并一起坐,或主动参与集会中的活动
作业展示	家长作为"同学",孩子展示自己的作业或项目,练习如何向他人解释和讨论
角色扮演剧	一起编写并表演小短剧,让孩子尝试不同的角色,并主动进行对话和互动
班干部竞选	练习竞选演讲,鼓励孩子主动表达自己能胜任班干部的理由

第四章

心气不顺，情绪崩溃

场景1：一被批评就闹脾气

> 知道了，知道了，别打扰我！

> 说了多少次了，学习的时候不要总是玩手机，你有没有听进去？

场景分析

孩子对批评反应激烈，可能是因为他们将批评视为对自我价值的挑战，尤其是当他们已经感到不安或自卑时。缺乏有效的情绪管理和应对批评的策略，也可能导致孩子面对批评时反应过激。此外，孩子可能还没有完全形成将批评视为成长和学习机会的认知能力。家庭和社会环境的影响，如家庭对错误的低容忍度或社会比较，也可能加剧孩子对批评的敏感性。个性特征和过往经历，如高度自尊心或曾遭受伤害性批评，同样会使孩子对任何形式的批评有防御性反应。

为了帮助孩子更健康地接受批评，家长应采取建设性批评方式，具体指出问题并提供改进方向，避免针对人格进行批评。同时，要让孩子明白批评是成长的一部分，通过分享积极的例子，让孩子看到批评的正面作用。鼓励孩子表达对批评的感受，并在他们情绪激动时给予安抚和理解，引导他们探讨产生情绪的原因，学习如何以更积极的态度接受批评。辅助孩子学习情绪调节技巧，如深呼吸或短暂休息，帮助他们在面对批评时保持冷静。通过这些方法，可以帮助孩子建立更健康的批评接受机制，促进他们的个人成长。

正反话术

- ❌ "你这样大发雷霆只会让问题更糟,没有人愿意和这样的你说话。"
- ✅ "情绪激动时,我们可以先冷静一下,然后再来解决问题,这样问题会更容易解决。"

- ❌ "别人都能好好接受批评,你为什么就做不到?"
- ✅ "接受批评是成长的一部分,我们可以一起听听批评中的建设性意见,从中学习。"

- ❌ "你这种态度是不对的,你必须改变。"
- ✅ "每个人都有改变的机会,你要相信一定有更好的方式来应对问题。"

- ❌ "你每次都这样,怎么学得会?"
- ✅ "被批评时正是学习的机会,这样想或许就更容易接受了。"

- ❌ "你这么敏感,以后怎么在外面立足?"
- ✅ "敏感也是一种情绪,要学会如何更好地处理自己的情绪,让它成为我们的优势。"

❌ "别那么情绪化,这样没人能帮到你。"
✅ "情绪化时,我们可以找到合适的方式来表达自己的感受,这样别人更容易理解并帮助我们。"

❌ "你得接受批评,不然你不会有任何进步。"
✅ "接受批评是成长的一部分,但也要记得肯定自己的优点和努力,批评不应成为判定我们自我价值的唯一标准。"

❌ "你这样只会让人觉得你很难相处。"
✅ "我们可以学习更好地与他人沟通的方式,让彼此更愉快地相处。"

❌ "别老是这样反应过度,这不是什么大事。"
✅ "有时候我们可能会对某些事情反应过度,但我们可以学会更好地管理情绪,以更平静的态度去面对。"

❌ "你得学会接受现实,这种事情谁都会遇到。"
✅ "面对现实才能够更好地解决问题,这并不代表你是错的。"

> **行动锦囊**

亲子互动：帮助孩子做情绪调节与接受批评练习

通过下列表中的常见情景和技巧练习，可以让孩子学习如何更好地管理自己的情绪，以平和的心态接受批评，并从中学习和成长。家长的支持和引导在这一过程中至关重要。

◆ **情绪调节的方式：**

1. 深呼吸：教孩子在情绪激动时进行深呼吸，帮助他们冷静下来。

2. 识别情绪：帮助孩子识别自己的情绪，用"I"语句表达，如"我感到很沮丧"。

3. 承认并改正错误：鼓励孩子承认错误，并表达愿意改正和学习的愿望。

4. 反思与制订计划：引导孩子思考为何会出现问题，并制订改进计划。

5. 理解规则：讨论规则的意义，帮助孩子理解遵守规则的重要性。

6. 冷静思考：让孩子学会在冲突中冷静思考，避免冲动行为。

7. 专注与放下：在体育比赛中，鼓励孩子专注于整体表现，放下个人失误。

8. 时间管理：一起制订时间表，帮助孩子学习如何有效管理时间。

9. 寻找动力：探讨学习的目的，激发孩子对学习的内在兴趣。

情绪调节与接受批评练习

被批评情景	情绪调节技巧	帮助孩子接受批评的方法
作业错误	深呼吸,冷静下来	认识到错误是学习过程的一部分
公众场合行为失范	识别自己的情绪,用"我现在感觉到"表达	讨论为何该行为会被认为不当,寻找改进方法
在团队活动中犯错	承认错误,表明自己愿意改正	强调团队合作中每个人都可能犯错,重要的是从错误中学习
未完成学习任务	反思原因,制订改进计划	帮助孩子设定可实现的小目标,逐步改善
违反规则	理解规则的重要性,思考后果	讨论遵守规则的意义,以及违反规则可能带来的影响
社交冲突	冷静思考,避免立即反击	让孩子学会如何平和地表达不同意见,而不是升级冲突
体育比赛中犯错	专注于比赛,放下个人失误	强调体育精神和团队努力,而不仅仅是个人表现
家庭责任未尽	识别触发情绪的原因,表达感受	讨论如何平衡家庭责任和个人时间,制订公平的家务分配计划

续表

情绪调节与接受批评练习		
被批评情景	情绪调节技巧	帮助孩子接受批评的方法
上学迟到	理解时间管理的重要性	一起制订时间表,帮助孩子更好地管理时间
学习态度问题	反思自己的态度,寻找动力	探讨学习的目的和长远意义,激发内在学习兴趣

场景2：看不惯家长表扬其他孩子

别人家的孩子能做到，怎么你就不行？

那你让他来咱们家，就可以当你的小孩子了。

场景分析

当家长表扬其他孩子时，自己的孩子可能会感到不满或嫉妒，担心自己在父母心中的地位受到威胁，这反映了孩子对认可和比较的敏感性。如果家庭文化中经常强调竞争，孩子可能会模仿这种行为，对表扬产生防御性反应。为了帮助孩子更好地应对，家长应该通过持续的正面沟通，强调孩子的独特价值，减轻其嫉妒感。同时，通过角色扮演等活动培养孩子的同理心，教他们理解和尊重他人。此外，家长应建立一个鼓励个人成长而非相互比较的家庭氛围，给孩子个别关注，帮助他们设立自己的目标，专注于个人进步，并协助孩子掌握情绪管理技巧，如深呼吸，以及如何从他人成就中学习，而不是只感到嫉妒，这样可以帮助他们增强自我价值感，学会欣赏他人，促进情感和社交技能的发展。

正反话术

❌ "你这样的态度真让人失望。"
✅ "我知道你可以做得更好,我的孩子并不比其他小朋友差。"

❌ "别人被表扬,你就不应该那么嫉妒。"
✅ "每个人都有自己的闪光点,我们应该正视别人的成功,同时努力实现自己的目标。"

❌ "你这种做法很小气,需要改改了。"
✅ "大方和慷慨是美德,我家孩子具有这种美德对不对?"

❌ "为什么不能高兴点?别总是阴阳怪气的。"
✅ "保持积极乐观的态度,会给你带来更多快乐。"

❌ "你这样让别人觉得你很难相处。"
✅ "试着肯定别人,会让你更容易和别人进行良好的沟通和建立良好的关系。"

❌ "你的反应真让人不舒服,你应该为自己的行为感到羞愧。"
✅ "我们可以学会更好地表达自己的感受,同时也尊重他人的感受,以建设性方式解决问题。"

- ❌ "不要总是这么负面,应该学会为别人高兴。"
- ✅ "孩子,积极的心态可以给你带来更多的幸福,为别人高兴也是一件开心的事情啊。"

- ❌ "你这样的行为只会让人远离你。"
- ✅ "我们可以学会吸引他人的注意力、建立亲密的关系,而不是让他人远离自己。"

- ❌ "你为什么总是这样不友好?"
- ✅ "友好和善良是我们与他人相处的基础,让我们一起努力营造友好的氛围。"

- ❌ "别总是这么敏感,要学会接受别人也有被表扬的时候。"
- ✅ "我们可以学会更好地处理自己的情绪,同时也尊重他人的感受,共同享受成功的喜悦。"

行动锦囊

孩子们的聚会：学会欣赏他人

组织几个同龄孩子（比如与孩子玩得好的同学）的家庭聚会，设计一些聚会上的亲子小游戏，帮助孩子克服嫉妒心、学会欣赏同龄人的优点，培养孩子对他人的欣赏和尊重。同时，这些游戏不仅能够增进家庭成员之间的了解和亲密度，还能帮助孩子学习如何在日常生活中实践积极的行为和态度。

亲子游戏：学会欣赏他人		
游戏名称	游戏目的	游戏玩法
优点放大镜	帮助孩子发现并赞美他人的优点	每个人轮流站在中间，其他成员说出他的优点
感恩之心传递	培养孩子的感恩心态，减少嫉妒	传递小物品，音乐停时手里有物品的人表达对家庭成员的感激
如果我是他	增进孩子对同龄人的理解和尊重	孩子在游戏中互换身份，然后分享体验
优点接龙	鼓励孩子连续表达对他人的欣赏	孩子们轮流说出不同人的优点，形成接龙
快乐分享	让孩子习惯于分享和庆祝他人的快乐	用餐时分享让他人快乐的事情

续表

亲子游戏：学会欣赏他人		
游戏名称	游戏目的	游戏玩法
成就墙	可视化每个人的成就，包括家庭成员和朋友	制作成就墙，贴上照片和成就，鼓励孩子为每个人感到骄傲
优点大搜索	培养孩子寻找和认可他人优点的习惯	制作优点列表，孩子去找到展示这些优点的人，并记录
同舟共济	通过团队合作，减少嫉妒，增强合作精神	设计需要团队合作的挑战，如绑腿赛跑、团队拼图等
情绪气象台	帮助孩子学会表达和管理自己的情绪	每个人描述自己的情绪状态，其他家庭成员猜测并给予反馈
梦想分享会	鼓励孩子分享自己的梦想，并相互支持	每个人分享梦想和计划，家庭成员提供鼓励和建议

场景 3：不给买东西就撒泼打滚

妈妈！我想要这个小猪玩偶，我就要！

场景分析

孩子在商店里因为得不到想要的东西而躺在地上撒泼打滚，这通常是因为他们还不擅长处理失望，或是习惯于立刻得到满足。孩子有这种行为可能是因为他们模仿了其他场合的行为，或者他们认为这样可以吸引家长的注意。为了帮助孩子改善这种行为，家长可以采取以下措施。首先，在去商店之前，明确告诉孩子会买什么、不会买什么，让孩子了解并遵守这些规则。其次，教育孩子如何用语言表达自己的情感，比如用"我感到……"来描述自己的情绪。再者，如果孩子在商店里开始哭闹，家长应该坚持之前的约定，不屈服于孩子的行为。最后,家长在商店里应多与孩子交流,当孩子出现不满的迹象时,及时转移他们的注意力,比如观察其他商品或进行小游戏,以积极的方式引导孩子。通过这些方法,家长不仅能够有效应对孩子在商店的行为,还能教育孩子学会在不同情境下保持冷静和遵守规则。

正反话术

❌ "你这样子真让人丢脸，别再这么幼稚了。"

✅ "宝贝，我们来聊聊如何更成熟地处理问题，以更好地展现自己。"

❌ "再这样闹，我们就不带你来商店了。"

✅ "亲爱的，在公共场合需要保持礼貌和自制，这是一种最基本的修养哦。"

❌ "你看看别的孩子，人家都不这么做。"

✅ "每个孩子都有自己表达情绪的方式，但我们可以用更好的方式来处理这件事情，你觉得呢？"

❌ "别这么任性，你这样让大家都很尴尬。"

✅ "不如我们一起找到更好的解决办法，让大家都开心好不好呢？"

❌ "你再这样，就别想得到任何东西。"

✅ "做出正确的选择会有更多的机会得到喜欢的东西哦，你想试试吗？"

❌ "你这样只会让大家都不喜欢你。"
✅ "孩子，尊重他人，别人才能同样尊重你哦。"

❌ "别再耍赖了，立刻起来。"
✅ "如果你现在就起来，也许我们可以好好聊聊怎么才能获得你想要的东西。"

❌ "如果你不停止哭闹，我们就直接回家。"
✅ "学会更好地控制自己行为的孩子，才有可能获得更多嘉奖哦。"

❌ "你这样真的很不懂事。"
✅ "你想不想听听，爸爸／妈妈想要一件东西时，通常会怎么做？"

❌ "停止这种行为，你这样只会让情况变得更糟。"
✅ "爸爸／妈妈理解你很想要这个东西，但这不是恰当的表达方式。"

> **行动锦囊**

家长和孩子共同制定出行规则

家长可以使用这份规则表作为和孩子沟通的基础,确保孩子明白规则并同意遵守。在实际执行中,家长应保持一致性,并根据孩子的年龄和理解能力适当调整规则。通过这种方式,孩子可以学习如何在商店中表现得更好,并逐渐养成自我管理的能力。

家庭购物行为管理规则		
规则内容	规则说明	家长行动
出行目的明确	确定去商店是为了购买必需品还是作为奖励的购物体验	与孩子讨论出行目的,确保他们理解并同意
制作购物清单	列出需要购买的物品,避免冲动购物	与孩子一起制作清单,让他们参与决策过程
设定预算	确定购物预算,避免超支	向孩子展示如何规划预算,并解释为什么某些东西可能不在预算内
规定购买条件	明确什么情况下可以购买额外的商品	例如:只有在完成家务或表现良好时才能购买额外商品
确定行为期望	明确孩子在商店中应遵守的行为规范	例如:不大声哭闹、不乱放商品、排队等候时不乱跑等

家庭购物行为管理规则		
规则内容	规则说明	家长行动
说明不恰当行为的后果	让孩子知道如果他们不遵守规则会有什么后果	例如：立即离开商店、取消下次购物计划或失去某些特权
奖励良好行为	确定如果孩子表现良好，他们将获得什么奖励	例如：小礼物、额外的游戏时间或一个特别的活动
实践冷静策略	教育孩子在感到沮丧或生气时如何保持冷静	一起练习深呼吸、计数或其他冷静技巧
转移注意力	如果孩子开始感到不安，准备一些转移注意力的方法	例如：带一本书、小玩具或提出一个有趣的问题
回顾和反馈	购物结束后，与孩子一起回顾他们的表现，并给予正面反馈	强调他们做得好的地方，并讨论下次如何改进

场景4：家长忘记买吃的就发火

> 啊啊啊！烦死了！
> 为什么忘记买零食？

场景分析

孩子因为家长加班晚回家且忘记买好吃的而发脾气，可能是因为他们期待家长带回家的东西，也可能是因为饿了或者觉得家长不够关心自己。家长应该先平静地安慰孩子，然后解释为什么会晚回家和忘记买东西，如果需要，向孩子道歉，并提出一起做些别的事情或第二天补上作为替代。同时，家长和孩子可以一起定下一些规则，比如家长晚回家时怎么告诉孩子，以及如何处理类似情况，确保孩子感到被爱。家长也尽量平衡工作和家庭，教育孩子学会理解和支持他人。当孩子做得好时，家长要给予表扬，鼓励孩子继续这样表现。通过这些做法，可以帮助孩子学会更好地处理失望，同时增进家长与孩子之间的关系。

正反话术

- ❌ "你这么大的脾气真让人难以忍受。"
- ✅ "我知道你很失望,但让我们来想想解决办法,好吗?"

- ❌ "你不能因为这么一点事就这样发脾气。"
- ✅ "亲爱的,学会控制自己的情绪,才更容易获得自己想要的东西哦。"

- ❌ "别这么任性,你总是这样很让人失望。"
- ✅ "爸爸／妈妈理解你的失望,但我确实不是有意的。"

- ❌ "你这么大的反应完全没有必要,太过分了。"
- ✅ "亲爱的,你可以平息一下情绪,冷静地和爸爸／妈妈说吗?"

- ❌ "你得学会控制自己的情绪,别因为这点小事就生气。"
- ✅ "宝贝,控制好情绪,爸爸／妈妈才更容易听清楚你想说的话哦。"

- ❌ "你的这种行为很不合适,应该立刻停止。"
- ✅ "你如果停止发脾气,爸爸／妈妈就告诉你我的解决办法哦。"

- ❌ "你总是这样，一点都不体谅爸爸／妈妈的辛苦！"
- ✅ "爸爸／妈妈这么晚回家，确实有点累，你能先抱抱我吗？"

- ❌ "你得明白不是每次都能如你所愿，要学会接受现实。"
- ✅ "爸爸／妈妈被留下加班也是意料之外，你看，这么晚了，我连饭都没吃呢。"

- ❌ "你这么做是在故意给大家添麻烦。"
- ✅ "爸爸／妈妈知道你并不是爱发脾气的孩子，我们能心平气和地讨论一下弥补你的方案吗？"

行动锦囊

亲子沟通:孩子情绪安抚策略表

下表选取了一些日常生活中会遇到的常见情景,对孩子可能产生的情绪做了预设,并给出了家长的解决方案。通过这些解决方案,家长不仅可以减少与孩子之间的误会,还能帮助孩子发展重要的社交技能,如沟通、共情、冲突解决和情绪管理。重要的是,家长应该作为榜样,通过自己的行为来教孩子这些技能,并在孩子展现出积极行为时给予认可和鼓励。

亲子沟通:孩子情绪安抚策略		
常见场景	孩子可能出现的情绪	家长的解决方案
家长未能兑现承诺	失望、愤怒	解释原因,重新安排时间,或提供替代方案,并道歉
兄弟姐妹间的争执	嫉妒、不满	公正地调解冲突,教育孩子分享和轮流的重要性
家长对孩子的批评	受伤、抵触	进行建设性批评,关注行为而非人格,提供改进的建议
家长忙于工作,忽略孩子	孤独、被忽视	安排专门的时间与孩子互动,如家庭游戏夜或故事时间
孩子在学校遇到问题	焦虑、沮丧	倾听孩子的担忧,提供支持和建议,必要时与学校沟通
家长对孩子的期望过高	压力、挫败感	设定合理的期望,鼓励孩子尽力而为,而不是只看重结果

亲子沟通：孩子情绪安抚策略

常见场景	孩子可能出现的情绪	家长的解决方案
孩子在公共场合失控	尴尬、愤怒	预先设定规则，使用正面强化来鼓励良好行为，失控时冷静处理
家长对孩子的隐私干涉	不安、反抗	尊重孩子的隐私，建立信任，通过开放的沟通而非监控来了解孩子
孩子与同龄人的社交冲突	难过、困惑	帮助孩子分析情况，提供社交技能培训，如同理心和冲突解决
家长对孩子的兴趣不理解	挫败、不被理解	尝试了解孩子的兴趣，鼓励他们探索，提供支持和资源
孩子在遵守规则时感到不公平	愤怒、反抗	解释规则的重要性，执行规则一视同仁，并给予适当的自主权

场景 5：家里有了二宝后焦虑

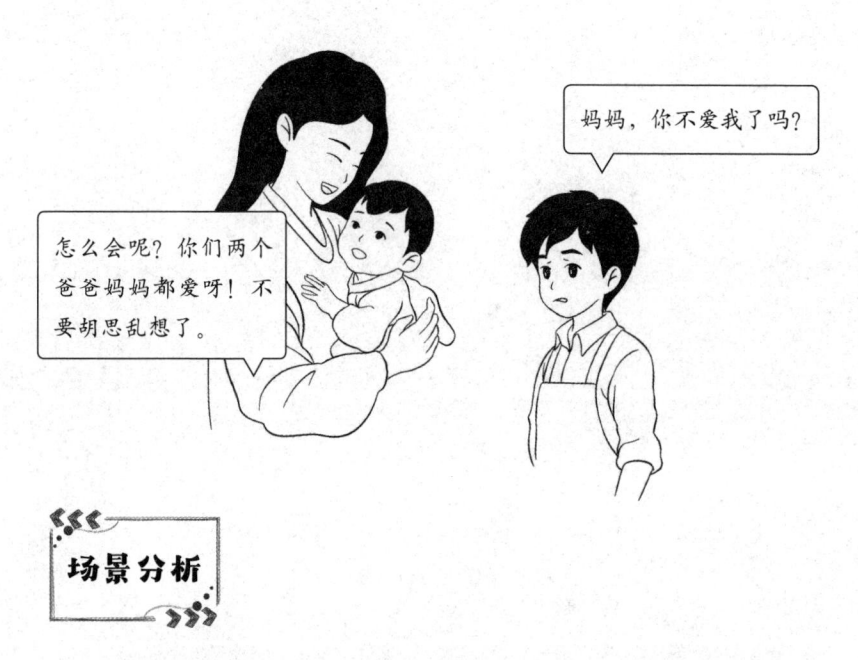

> 妈妈，你不爱我了吗？

> 怎么会呢？你们两个爸爸妈妈都爱呀！不要胡思乱想了。

场景分析

家里迎来新生儿后，大宝可能会感到焦虑，担心父母的爱会减少，这种焦虑可能产生于父母更多关注新生儿，而大宝需要承担更多责任，感到被忽视和压力。同时，大宝可能担心自己在家庭中的地位受到威胁，对如何成为好的哥哥或姐姐感到不确定。为了帮助大宝适应，家长应保证给予大宝足够的关注，通过一对一的互动时间来展示他们仍然是家庭的重要一员。鼓励大宝表达自己的感受，并通过积极的沟通帮助他们理解新生儿的到来是家庭的喜事，并不会减少对他们的爱。让大宝参与照顾新生儿，比如帮忙拿东西或讲故事，这样可以增强他们的责任感，并感受到自己在家庭中的价值。最后，要强调每个孩子对父母来说都是独一无二的，通过分享家庭故事和照片来加强这种观念。通过这些方法，家长可以减轻大宝的焦虑，促进他们对新家庭成员的接受度。

正反话术

❌ "你怎么还不明白,现在不只有你一个孩子了。"
✅ "家里有了新成员,我们需要互相理解和支持,因为我们是一家人哦。"

❌ "你太敏感了,总是这么自私,想要引起所有人的注意。"
✅ "理解和尊重他人的感受是与人相处的重要技能哦。"

❌ "你长大了,不准任性,不要总是需要爸爸／妈妈的关注。"
✅ "成长意味着承担更多责任和独立,这说明你长大啦。"

❌ "你是大孩子了,应该懂得让一让弟弟／妹妹。"
✅ "学会适当谦让,会让弟弟／妹妹视你为榜样,更加尊敬你哦。"

❌ "别那么嫉妒,你应该为有了弟弟／妹妹感到高兴。"
✅ "就算有了弟弟／妹妹,爸爸妈妈对你的爱也不会少一分。"

❌ "你总这样问,真是让人烦。"
✅ "你无论问多少遍,爸爸妈妈的答案都是爱你。"

❌ "你得自己解决这些问题,别总指望我们。"
✅ "别担心,爸爸妈妈一直在你身边。"

❌ "别那么多心,你想太多了。"
✅ "爸爸妈妈爱弟弟/妹妹,就跟我们爱你是一样的。"

❌ "你这样做会让大家都不高兴。"
✅ "来爸爸/妈妈怀里,告诉我你在担心什么?"

❌ "你应该知道,小宝宝需要更多关注,你得接受这个事实。"
✅ "你和弟弟/妹妹对我们来说一样的重要,而你对我们的爱和信任,也十分重要。"

行动锦囊

家长与孩子共同制订大哥哥／大姐姐角色任务表

通过这份角色任务表，大宝可以明确自己在家庭中的角色，学习责任感，并感受到自己对家庭的贡献和重要性。

◆ 注意事项：

1. 在分配任务时，家长应考虑大宝的年龄和成熟度，确保以他们的能力能胜任。

2. 家长应始终在场监督，确保所有活动都在安全的条件下进行。

3. 对于每项完成的任务，给予大宝正面的反馈和表扬，增强他们的成就感和责任感。

4. 定期与大宝讨论他们的感受和体验，确保他们对参与的过程感到满意和愉快。

大哥哥／大姐姐角色任务表			
任务类型	具体任务	年龄适宜范围	完成建议
日常照料	帮忙拿尿布或湿巾	3岁以上	确保大宝了解如何安全地拿取和递交物品
安抚婴儿	讲故事或唱歌给婴儿听	4岁以上	选择大宝熟悉和喜欢的故事或歌曲
陪伴时间	和婴儿一起坐在安全的地方玩耍	5岁以上	监督大宝，确保婴儿的安全

续表

大哥哥／大姐姐角色任务表			
任务类型	具体任务	年龄适宜范围	完成建议
简单清洁	帮忙收拾婴儿玩具或擦拭桌面	6岁以上	教导大宝基本的清洁技巧
辅助喂食	在家长监督下，帮忙给婴儿拿食物或水瓶	7岁以上	确保大宝了解喂食时的安全注意事项
衣物整理	帮忙折叠洗净的婴儿衣物	8岁以上	教大宝如何正确折叠衣物
安全监督	监督婴儿，确保其在安全的环境中	9岁以上	让大宝了解哪些行为可能对婴儿构成危险
情感支持	在家长忙碌时，给予婴儿情感上的陪伴	10岁以上	让大宝感到自己是家庭的重要一员，能够提供支持
教育互动	教婴儿认识简单的物品或动物	11岁以上	鼓励大宝与婴儿进行适当的教育性互动
家务小帮手	在家长的指导下，参与适合年龄的家务活动	12岁以上	让大宝在安全的范围内承担更多家庭责任

场景6：愤怒撕毁自己不满意的作品

> 啊啊啊！怎么画都不顺眼，干脆撕了算了！

场景分析

当孩子在画画时，因为无法达到预期的效果而愤怒地撕毁画作，这显示了他们可能对自己的表现有过高的期望，同时缺乏应对挫折的策略。这种行为反映出孩子在面对困难和不满时，可能会感到极度的挫败和不安，进而选择通过摧毁作品来表达不满。

为了帮助孩子学习更健康的应对方式，可以采取以下策略。首先，鼓励孩子表达他们的感受，而不是直接行动。家长可以引导孩子用言语描述他们的挫败感，比如："我看得出你很生气，是不是因为画面不像你想的那样？"这样的对话可以帮助孩子学习如何用言语而不是行动来处理情绪。其次，教育孩子理解艺术创作是一个探索和实验的过程，每次的"失败"都是学习和成长的机会。家长可以和孩子一起讨论艺术中的试验性质，以及所有艺术家都需要通过不断尝试来改进自己的作品。此外，还应向孩子展示和强调进步而非完美。家长可以帮助孩子建立一个进步的作品集，记录下他们艺术旅程中的每一步，让孩子看到自己随时间的进步。

同时，引入冷静下来的技巧，比如深呼吸、短暂休息或转移注意力，以帮助孩子在感到挫败时不采取极端行动。当孩子表现出耐心和持续努力时，家长应给予积极的反馈和表扬。这不仅鼓励孩子继续努力，也增强了他们的自信和做事的持久性。

正反话术

❌ "你这样毁掉自己的作品,只会让自己一无所获。"
✅ "每一次的尝试都是学习的过程,也是成长的记录。"

❌ "别这么小题大作,只是张纸而已!"
✅ "亲爱的,对待作品保持耐心和冷静,才更容易画出更棒的作品哦。"

❌ "你看,你又毁了一张,这样你什么时候才能进步?"
✅ "我明白你想要画出更好的作品,但撕毁它并不是一种好的方式。"

❌ "如果你每次都这样放弃,你将学不到任何东西。"
✅ "坚持不懈是取得进步的关键,加油哦,爸爸/妈妈相信你。"

❌ "你这种态度对学画画一点帮助都没有。"
✅ "积极的态度可以帮助我们更好地进步,我们看看如何保持乐观的心态好不好?"

❌ "每次都这样,真是让人失望。"

- ✓ "亲爱的,每一次努力都值得被尊重,毁掉它太可惜啦。"

- ✗ "你不应该因为画不好就生气,这样很幼稚。"
- ✓ "先完成,再完美,我们需要一步步来。"

- ✗ "你需要停止这种行为,这对你自己一点好处都没有。"
- ✓ "保持积极的心态是取得成功的关键,你一定有更好的方式对不对?"

- ✗ "你这样做是在浪费材料,也浪费了我们的时间。"
- ✓ "宝贝,跟结果相比,爸爸／妈妈更希望你能更加珍惜学习的过程。"

- ✗ "别再这样破坏你的作品了,这是不对的行为。"
- ✓ "尊重自己的劳动成果是很重要的,因为它们是你一直努力的证明。"

行动锦囊

亲子互动：冷静练习

通过一些常见的情景和冷静下来的技巧练习，帮助孩子学习如何在遇到挑战时保持冷静，从而更有效地管理自己的情绪。

◆ 练习过程：

1. 识别信号：教孩子识别他们开始感到沮丧或愤怒的信号，比如心跳加快或呼吸急促。

2. 练习技巧：在非紧张情境下和孩子一起练习这些技巧，让他们熟悉如何在需要时使用。

3. 正面强化：当孩子成功使用冷静技巧时，家长应给予正面的反馈和奖励。

4. 情绪表达：鼓励孩子用语言表达他们的感受，而不是通过行为发泄。

5. 一致性：家长在教导孩子冷静技巧时要保持一致性，确保孩子理解这些技巧的重要性。

冷静练习	
情景	冷静下来的技巧
画画时达不到预期的效果	深呼吸，从 1 数到 10，休息一下眼睛和手
解数学题时遇到难题	短暂休息，喝口水，再用全新的眼光看问题
游戏输了	深呼吸，告诉自己输赢都是游戏的一部分

冷静练习	
情景	冷静下来的技巧
和朋友发生争执	先冷静下来,用"I"语句表达自己的感受
学习时感到挫败	将任务分解成一个个小步骤,一步一步来
等待时感到不耐烦	做一些简单的伸展运动或玩一个快速的游戏
被批评时感到沮丧	深呼吸,思考批评中是否有可以学习的部分
感到紧张或焦虑	做一些放松肌肉的练习
做手工或实验失败	休息一下,然后尝试找出失败的原因
兄弟姐妹间争吵	离开争吵现场,冷静下来后再讨论问题

场景7：把自己关在房间里不说话

> 哼！玩会游戏怎么了！气死我了！

> 要我说多少遍，不能玩游戏了！天天就知道躺床上打游戏！

场景分析

孩子因为不能玩手机游戏而赌气，整天把自己关在房间里，这可能是因为他们感到自己的选择被限制，或者不习惯面对失望。家长可能没有充分解释为何要限制玩游戏，孩子也可能不知道如何表达不满。此外，孩子可能觉得家长关注不够，或者用玩手机游戏来逃避现实问题。为了帮助孩子，家长应该先给孩子一些时间冷静，然后再和他们交谈，解释限制的原因，并表达对孩子的关心。同时，鼓励孩子参与其他有趣的活动，如体育运动或阅读，帮助他们找到其他方式来处理情绪。最后，家长和孩子可以一起定下使用屏幕的时间规则，让孩子有参与感并感到被尊重。通过这些方法，家长能引导孩子健康地表达情绪，并减少孩子对手机游戏的依赖。

正反话术

❌ "你这种孩子气的行为解决不了任何问题。"
✅ "宝贝,通过冷静和理性的沟通,或许能帮助我们更有效地解决问题。"

❌ "如果你选择不说话,那么我们也没有什么好说的。"
✅ "你有任何情绪和不满,爸爸／妈妈希望你表达出来,这样我们才能找到双方都能接受的解决办法。"

❌ "你可以一整天都闷在房间里,反正我不会改变主意。"
✅ "如果你真的想玩游戏,这可不是一个好的办法哦。"

❌ "你这样无理取闹只会让情况变得更糟。"
✅ "亲爱的,如果你真的想解决问题,你可以试着先走出房间。"

❌ "没有手机游戏你就不能正常活动了吗?"
✅ "我这里有更多有趣的活动,等着你一起来参与哦。"

❌ "你这么做只是在浪费时间,对事情没有任何帮助。"
✅ "如果你想聊聊,爸爸／妈妈就在门外。"

❌ "你要是继续这样,成长会更加受限制。"
✅ "宝贝,你可以用更积极的方式赢取更长的游戏时间。"

❌ "别以为这样就能得到你想要的。"
✅ "也许换一种方式,就能获得你想要的。"

❌ "我不想听你的任何解释,因为你的行为已经说明了一切。"
✅ "如果你打算跟爸爸／妈妈解释你的行为,可以试试更友善和积极的方式哦。"

❌ "你这种行为真的让人失望,我希望你能自己想清楚。"
✅ "你如果已经冷静下来了,爸爸／妈妈这里有一个更好的解决方案等着和你商量。"

行动锦囊

应对孩子的封闭行为

下表帮助家长在孩子展现封闭行为时,能够有条不紊地采取行动。家长应给孩子提供空间和必要的支持,同时确保孩子感到被支持和理解。

应对孩子封闭行为的 12 个步骤		
步骤内容	预期效果	鼓励话术
确认和验证孩子的感受,表达对孩子感受的理解和尊重	孩子感到被尊重	"我理解你的感受,我们一起来找到解决办法。"
给予孩子适当的空间,允许孩子独处,但确保环境安全	建立安全感	"当你准备好了,我随时在这里等你。"
保持沟通渠道的开放,让孩子知道家长随时愿意倾听和帮助	及时发现问题并提供支持	"我在这里等你,你想说的时候随时可以告诉我。"
观察孩子的行为,寻找情绪变化的迹象	及时关注情绪变化	"我看到你有些不开心,我们一起想办法好吗?"
提供安全感和稳定性,维持日常生活规律和家庭稳定性	维持日常生活规律	"我们每天都有很多好玩的事情要做,不用担心。"

续表

应对孩子封闭行为的 12 个步骤		
步骤内容	预期效果	鼓励话术
鼓励孩子表达自己，用语言或其他方式表达感受和想法	促进情绪释放	"你的想法很重要，我想听听你的看法。"
避免强迫，不要求孩子立即交流	减少抵触情绪	"我不强迫你现在说，但我愿意听你分享。"
在孩子准备好时，提供帮助和支持	孩子感到被支持	"无论你遇到什么困难，我都会在这里支持你。"
通过一贯的行为和言语建立信任关系	加强亲子联结	"我相信你，也请你相信我，我们一起解决问题。"
封闭行为持续存在时，寻求专业帮助	获得专业指导	"有时候我们需要额外的帮助，这很正常。"
教孩子情绪管理技巧，如深呼吸	提高孩子自我调节能力	"我们可以一起学习这些技巧，帮助你感觉更好。"
安排家庭活动和亲子时间，增加亲子互动	增强家庭联系	"让我们一起度过一段特别的家庭时光。"